Das große Fodmap Kochbuch

Einfache und leckere Rezepte für einen beschwerdefreien und gesunden Darm. FODMAP-arm kochen mit der Low-FODMAP-Diät für mehr Wohlbefinden bei Reizdarm-Beschwerden.

Inhalt

Vorwort

Liebe Leserin, lieber Leser,

dieses Kochbuch ist dein Wegweiser zu einem Leben voller Genuss und Wohlbefinden, angepasst an die Bedürfnisse und Herausforderungen einer FODMAP-armen Ernährung (FODMAP-Diät). Geschrieben mit Leidenschaft und einem tiefen Verständnis für die Feinheiten der Ernährung, zielt es darauf ab, dir nicht nur das Kochen zu erleichtern, sondern auch deine Beziehung zum Essen neu zu definieren.

Viele haben Bedenken, dass eine FODMAP-arme Ernährung kompliziert und einschränkend ist. Aber ich bin hier, um dir zu zeigen, dass es ganz anders sein kann. Ich sehe es als meine Aufgabe, dir zu zeigen, dass es unzählige Möglichkeiten gibt, lecker und gesund zu kochen, ohne dabei auf Geschmack oder Vielfalt verzichten zu müssen. Mit jedem Rezept in diesem Buch möchte ich dir die Tür zu einer Ernährungsweise öffnen, die ebenso inspirierend wie ausgewogen ist.

Mit jedem Gericht, das du zubereitest, wirst du mehr über die Zutaten, ihre Auswirkungen und die besten Kombinationsmöglichkeiten erfahren. Dieses Wissen wird dir nicht nur in der Küche, sondern auch in deinem alltäglichen Leben eine große Hilfe sein.

Ich ermutige dich, diese Rezepte als Grundlage zu nutzen und sie nach deinen Vorlieben und Bedürfnissen anzupassen. Die Küche ist ein Raum für Kreativität, und jede Mahlzeit bietet die Möglichkeit, etwas Neues zu lernen und deine Fähigkeiten zu erweitern.

Ich wünsche dir viel Erfolg und Freude beim Kochen und Genießen dieser Gerichte. Möge dieses Buch ein wertvoller Begleiter auf deinem Weg zu einem erfüllten Leben sein.

Mit herzlichen Grüßen,

Vanessa Zimmermann

Hinweis zu den Rezepten

Du wirst vielleicht bemerkt haben, dass in meinem Kochbuch etwas fehlt, was in vielen anderen Kochbüchern üblich ist: Bilder. Ich habe lange über diese Entscheidung nachgedacht und möchte dir gerne erläutern, warum ich diesen unkonventionellen Weg gewählt habe.

In erster Linie glaube ich fest daran, dass das Kochen eine Kunst ist, und wie bei jeder Kunst, spielen Vorstellungskraft und Kreativität eine entscheidende Rolle. Wenn ich dir genau vorschreibe und zeige, wie ein Gericht aussehen sollte, dann könnte ich ungewollt deine eigene Kreativität und Vorstellungskraft einschränken. Ich möchte, dass du dir beim Lesen meiner Rezepte eigene Bilder in deinem Kopf formst, dass du die Zutaten und das Endprodukt in deiner Vorstellung farbenfroh und lebendig visualisierst.

Dann gibt es da noch einen weiteren, sehr persönlichen Grund. Ich bin der Meinung, dass Bilder oft Erwartungen setzen. Wie oft habe ich schon ein Gericht nach einem Rezept zubereitet und war enttäuscht, weil es nicht genau so aussah wie auf dem Bild? Diesen Druck, ein perfektes, fotogenes Ergebnis zu erzielen, möchte ich dir ersparen. Ich möchte, dass du das Kochen genießt, ohne dich ständig mit einem Bild vergleichen zu müssen. Es geht um den Geschmack, das Erlebnis und das Teilen von Mahlzeiten mit denen, die dir nahe stehen, nicht um die Perfektion eines Fotos.

Ein weiterer Aspekt ist die Einzigartigkeit. Jeder von uns hat einen anderen Geschmack, andere Vorlieben und einen anderen Stil beim Anrichten. Wenn du mein Rezept nimmst und es zu deinem eigenen machst, wird es etwas Einzigartiges sein, etwas, das nur du so kreieren kannst. Und dieser Gedanke erfüllt mich mit Freude.

Schließlich möchte ich, dass mein Kochbuch nicht nur eine Anleitung, sondern auch eine Inspirationsquelle ist. Ich hoffe, dass du die Freiheit, die ich dir durch das Fehlen von Bildern gebe, als eine Einladung siehst, zu experimentieren, zu improvisieren und über den Tellerrand hinauszuschauen.

Frühstück

Quinoa-Pudding mit Himbeeren

Zubereitungszeit: 25 Minuten
Portionen:1 Person

Zutaten:

- 50 g Quinoa, gut gespült und abgetropft
- 200 ml laktosefreie Milch, ungesüßt
- Eine Prise Salz
- 1 TL Ahornsirup
- 1/2 TL Vanilleextrakt
- 100 g Himbeeren, frisch oder gefroren
- Einige Minzblätter zum Garnieren

Zubereitung:

1. Gib die Quinoa zusammen mit der laktosefreien Milch und einer Prise Salz in einen kleinen Topf. Bringe die Mischung zum Kochen, reduziere dann die Hitze und lasse sie bei niedriger Temperatur etwa 15 Minuten köcheln. Rühre gelegentlich um, um sicherzustellen, dass die Quinoa nicht am Boden des Topfes anhaftet.

2. Wenn die Quinoa weich ist und die meiste Flüssigkeit aufgenommen hat, nimm den Topf vom Herd. Rühre den Ahornsirup und Vanilleextrakt unter. Lasse den Pudding einige Minuten abkühlen. Währenddessen kannst du die Himbeeren waschen und bereitlegen. Wenn du gefrorene Himbeeren verwendest, lasse sie vorher auftauen.

3. Gib den leicht abgekühlten Quinoa-Pudding in eine Schüssel. Falls der Pudding zu dick ist, kannst du noch etwas laktosefreie Milch hinzufügen, um die gewünschte Konsistenz zu erreichen.

4. Verteile die Himbeeren über den Quinoa-Pudding und garniere das Ganze mit ein paar Minzblättern. Guten Appetit.

Haferflocken-Pancakes mit Ahornsirup

Zubereitungszeit: 15 Minuten
Portionen:1 Person

Zutaten:

- 50 g Haferflocken, zu Mehl gemahlen
- 1 Bio-Ei Größe M
- 60 ml laktosefreie Milch
- 1/4 TL Backpulver
- 1 Prise Salz
- 1 EL Ahornsirup, plus etwas mehr zum Servieren
- Natives Olivenöl extra zum Braten
- Frische Erdbeeren, halbiert, zum Garnieren
- Einige Blätter frische Minze, zum Garnieren

Zubereitung:

1. Nimm eine mittelgroße Schüssel und vermische das gemahlene Haferflockenmehl mit dem Backpulver und einer Prise Salz.

2. Schlage das Ei auf und füge es zusammen mit der laktosefreien Milch zu den trockenen Zutaten. Rühre alles gut um, bis ein glatter Teig entsteht. Gib 1 EL Ahornsirup dazu und rühre nochmals um.

3. Erhitze ein wenig Olivenöl in einer Pfanne auf mittlerer Stufe. Sobald die Pfanne heiß ist, gib einen Teil des Teigs hinein, um einen Pancake zu formen. Brate den Pancake etwa 2-3 Minuten auf der einen Seite, bis kleine Bläschen auf der Oberfläche erscheinen, dann wende ihn und brate ihn auf der anderen Seite goldbraun.

4. Wiederhole den Vorgang mit dem restlichen Teig.

5. Serviere die Pancakes mit frischen Erdbeerhälften und etwas Ahornsirup. Garniere das Ganze zusätzlich mit frischen Minzblättern. Guten Appetit.

Buchweizen-Crêpes mit Erdbeerfüllung

Zubereitungszeit: 20 Minuten
Portionen:1 Person

Zutaten:

- 50 g Buchweizenmehl
- 1 Bio-Ei Größe M
- 100 ml laktosefreie Milch
- 1 Prise Salz
- 1 TL natives Olivenöl extra
  plus etwas mehr zum Braten
- 100 g Erdbeeren, gewaschen
  und in Scheiben geschnitten
- 1 EL Ahornsirup
- Frische Minze zum Garnieren

Zubereitung:

1. In einer Schüssel Buchweizenmehl, das Ei, laktosefreie Milch und eine Prise Salz zu einem glatten Teig verrühren. Lass den Teig für etwa 10 Minuten ruhen, damit das Mehl die Flüssigkeit gut aufnehmen kann.

2. Erhitze ein wenig Olivenöl in einer Pfanne auf mittlerer Stufe. Gib die Hälfte des Teigs in die Pfanne und verteile ihn dünn, indem du die Pfanne schwenkst. Brate den Crêpe von beiden Seiten goldbraun an, etwa 2 Minuten pro Seite. Wiederhole diesen Schritt mit dem restlichen Teig.

3. Während die Crêpes abkühlen, kannst du die Erdbeerscheiben mit Ahornsirup mischen. Lass die Mischung für ein paar Minuten stehen, damit die Erdbeeren den Sirup aufnehmen können.

4. Gib die Erdbeerfüllung auf eine Hälfte jedes Crêpes, klappe sie dann um und serviere sie mit einem Klecks laktosefreiem Joghurt, falls gewünscht, und garniere mit frischer Minze. Guten Appetit.

Rührtofu mit Spinat und Tomaten

Zubereitungszeit: 15 Minuten
Portionen:1 Person

Zutaten:

- 200 g fester Tofu, zerkrümelt
- 100 g frischer Spinat, gewaschen und grob gehackt
- 2 mittelgroße Tomaten, gewürfelt
- 1 EL natives Olivenöl extra
- 1/4 TL Kurkuma
- 1/4 TL Paprikapulver
- Salz und Pfeffer nach Geschmack
- Frische Petersilie, fein gehackt, zum Garnieren

Zubereitung:

1. Erhitze das Olivenöl in einer Pfanne auf mittlerer Stufe. Gib den zerkrümelten Tofu in die Pfanne und brate ihn für 5 Minuten, bis er leicht gebräunt ist.

2. Streue Kurkuma und Paprikapulver über den Tofu und rühre um, damit die Gewürze gleichmäßig verteilt sind.

3. Füge die Tomatenwürfel hinzu und koche alles für weitere 3 Minuten. Die Tomaten sollten weich werden, aber noch ihre Form behalten.

4. Gib den frischen Spinat dazu und koche ihn, bis er gerade welk geworden ist, was etwa 2 Minuten dauern sollte. Rühre regelmäßig um, damit alles gut vermischt wird.

5. Schmecke das Gericht mit Salz und Pfeffer ab.

6. Sobald alles gut erhitzt und der Spinat zusammengefallen ist, nimm die Pfanne vom Herd.

7. Serviere das Gericht auf einem Teller und garniere es mit frisch gehackter Petersilie. Guten Appetit.

Reisbrei mit Kiwi

Zubereitungszeit: 20 Minuten
Portionen:1 Person

Zutaten:

- 50 g Reis (weiß oder braun), gut gespült und abgetropft
- 200 ml laktosefreie Milch, ungesüßt
- 1 Kiwi, geschält und in Würfel geschnitten
- 1 EL Ahornsirup
- 1 TL Chiasamen
- 1 Prise Muskat
- 1 Prise Zimt

Zubereitung:

1. Gib den Reis zusammen mit der laktosefreien Milch in einen kleinen Topf. Koche die Mischung auf mittlerer Hitze auf. Sobald sie zu köcheln beginnt, reduziere die Hitze auf ein Minimum und lasse den Reis unter gelegentlichem Rühren etwa 15-20 Minuten köcheln, bis er weich und die Mischung cremig ist. Achte darauf, dass der Reis nicht anbrennt.
2. Während der Reis köchelt, schneidest du die Kiwi in kleine Würfel.
3. Sobald der Reis die gewünschte Konsistenz erreicht hat, nimm den Topf vom Herd. Rühre den Ahornsirup unter und lasse den Brei ein wenig abkühlen.
4. Gib die Kiwiwürfel und die Chiasamen in den leicht abgekühlten Reisbrei.
5. Runde den Geschmack mit einer Prise Muskat und Zimt ab.
6. Serviere den Reisbrei in einer Schüssel. Guten Appetit.

Brotscheiben mit Feta und Gurke

Zubereitungszeit: 15 Minuten
Portionen:1 Person

Zutaten:

- 2 Scheiben glutenfreies Brot
- 30 g Feta, zerkrümelt
- 1/4 Gurke, in dünne Scheiben geschnitten
- 1 EL natives Olivenöl extra
- 1 TL Balsamico-Essig
- Eine Prise Salz
- Eine Prise Pfeffer
- Ein paar Blätter frischer Basilikum, fein gehackt
- 1 TL Kürbiskerne, optional

Zubereitung:

1. Toaste die Brotscheiben in einem Toaster oder einer Pfanne, bis sie leicht knusprig sind.

2. Verteile den zerkrümelten Feta gleichmäßig auf den noch warmen Brotscheiben.

3. Lege die Gurkenscheiben sorgfältig auf den Feta.

4. In einer kleinen Schüssel vermische das Olivenöl mit dem Balsamico-Essig, Salz und Pfeffer. Schlage die Mischung leicht mit einer Gabel auf, um eine einfache Vinaigrette zu erstellen.

5. Träufle die Vinaigrette vorsichtig über die Brotscheiben. Sei sparsam, damit das Brot nicht durchweicht.

6. Streue den gehackten Basilikum und optional die Kürbiskerne über die Brotscheiben. Guten Appetit.

Frühstücksquinoa mit Blaubeeren

Zubereitungszeit: 15 Minuten
Portionen:1 Person

Zutaten:

- 50 g Quinoa, gut gespült und abgetropft
- 125 ml Wasser
- 1 Prise Salz
- 1 TL Ahornsirup
- 50 ml laktosefreie Milch oder ungesüßte Mandelmilch
- 50 g frische Heidelbeeren
- 1 TL Chiasamen
- 1 TL gehackte Pfefferminze für die Garnierung

Zubereitung:

1. Gib die Quinoa zusammen mit dem Wasser und einer Prise Salz in einen kleinen Topf. Lass es aufkochen, dann reduziere die Hitze, decke es ab und lasse es für etwa 10-15 Minuten köcheln, bis die Quinoa weich ist und das Wasser vollständig aufgenommen wurde.

2. Sobald die Quinoa gekocht ist, nimm den Topf vom Herd. Rühre den Ahornsirup und die laktosefreie Milch oder Mandelmilch unter die Quinoa.

3. Füge die frischen Heidelbeeren und Chiasamen hinzu. Verrühre alles gut miteinander.

4. Serviere das Gericht in einer Schale und garniere es mit gehackter Pfefferminze. Guten Appetit.

Kichererbsenpfannkuchen mit frischen Kräutern

Zubereitungszeit: 20 Minuten
Portionen:1 Person

Zutaten:

- 50 g Kichererbsenmehl
- 120 ml Wasser
- 1/4 TL Salz
- 1/4 TL Kurkuma
- 1 EL frisch gehackter Schnittlauch
- 1 EL frisch gehackte Petersilie
- 1 EL natives Olivenöl extra
- 2 EL laktosefreier Joghurt zum Servieren
- 1/4 TL gemahlener schwarzer Pfeffer
- Einige frische Spinatblätter als Beilage

Zubereitung:

1. In einer mittelgroßen Schüssel das Kichererbsenmehl, Salz und Kurkuma vermischen. Nach und nach das Wasser einrühren, bis ein glatter Teig entsteht. Lass den Teig für etwa 10 Minuten ruhen, damit das Mehl das Wasser aufnehmen kann und der Teig etwas eindickt.

2. Nach der Ruhezeit den frisch gehackten Schnittlauch und die Petersilie unter den Teig heben.

3. Erhitze das Olivenöl in einer Pfanne bei mittlerer Hitze. Sobald das Öl heiß ist, gieße die Hälfte des Teiges in die Pfanne und verteile ihn gleichmäßig zu einem runden Pfannkuchen. Brate den Pfannkuchen für etwa 2-3 Minuten von jeder Seite, bis er goldbraun und knusprig ist. Wiederhole den Vorgang mit dem restlichen Teig.

4. Serviere die Pfannkuchen warm mit einem Klecks laktosefreiem Joghurt obenauf. Mit frischem schwarzem Pfeffer bestreuen und zusammen mit einigen frischen Spinatblättern als Beilage servieren. Guten Appetit.

Laktosefreier Joghurt mit Fruchtmus

Zubereitungszeit: 15 Minuten
Portionen:1 Person

Zutaten:

- 150 g laktosefreier Joghurt
- 50 g Erdbeeren, frisch und in Würfel geschnitten
- 50 g frische Heidelbeeren
- 1/2 TL frisch geriebener Ingwer
- 1 EL Ahornsirup
- 1 TL Chiasamen
- Ein paar frische Minzblätter zum Garnieren

Zubereitung:

1. Nimm eine kleine Schüssel und mische den laktosefreien Joghurt mit dem Ahornsirup, bis eine gleichmäßige Konsistenz entsteht.

2. Gib die Erdbeeren, Heidelbeeren und den frisch geriebenen Ingwer in einen Mixer. Mixe alles auf hoher Stufe, bis ein glattes Fruchtmus entsteht.

3. Gieße das Fruchtmus über den gesüßten Joghurt in der Schüssel.

4. Streue die Chiasamen über das Fruchtmus.

5. Garniere dein Frühstück mit einigen frischen Minzblättern. Guten Appetit.

Blaubeer-Buchweizen Muffins

Zubereitungszeit: 25 Minuten
Portionen:1 Person

Zutaten:

- 120 g Buchweizenmehl
- 1 TL Backpulver
- 1/4 TL Salz
- 1 Bio-Ei Größe M
- 60 ml laktosefreie Milch
- 40 ml Ahornsirup
- 2 EL natives Olivenöl extra
- 1 TL Vanilleextrakt
- 80 g Heidelbeeren, frisch oder gefroren

Zubereitung:

1. Heize deinen Backofen auf 180 Grad vor und setze Papierförmchen in ein Muffinblech.

2. In einer Schüssel vermische das Buchweizenmehl, Backpulver und Salz.

3. In einer anderen Schüssel schlage das Ei auf und füge laktosefreie Milch, Ahornsirup, Olivenöl und Vanilleextrakt hinzu. Rühre alles gut um, bis es eine homogene Masse ergibt.

4. Gib die nassen Zutaten zu den trockenen und rühre vorsichtig um, bis alles gerade so vermischt ist. Achte darauf, den Teig nicht zu überarbeiten.

5. Hebe die Heidelbeeren unter die Teigmasse. Falls du gefrorene Heidelbeeren verwendest, musst du sie nicht vorher auftauen.

6. Verteile den Teig gleichmäßig auf die vorbereiteten Muffinförmchen. Jedes Förmchen sollte etwa zu 3/4 gefüllt sein.

7. Backe die Muffins für 15-20 Minuten im vorgeheizten Ofen, oder bis ein Zahnstocher sauber herauskommt, wenn du ihn in die Mitte eines Muffins steckst.

8. Lass die Muffins für 5 Minuten im Blech abkühlen, bevor du sie auf ein Kuchengitter setzt, um sie vollständig abkühlen zu lassen. Guten Appetit.

Reiswaffeln mit Tomate und Gurke

Zubereitungszeit: 10 Minuten
Portionen:1 Person

Zutaten:

- 2 Reiswaffeln
- 1 kleine Tomate, in dünne Scheiben geschnitten
- 1/4 Gurke, in dünne Scheiben geschnitten
- 2 EL laktosefreier Frischkäse
- 1 TL natives Olivenöl extra
- Eine Prise Salz
- Eine Prise Pfeffer
- Einige Blätter frischer Basilikum, fein gehackt
- 1 EL Kürbiskerne, leicht geröstet

Zubereitung:

1. Beginne damit, die Reiswaffeln auf einen sauberen Teller zu legen. Streiche den laktosefreien Frischkäse gleichmäßig auf beide Waffeln.

2. Verteile die dünn geschnittenen Tomaten- und Gurkenscheiben auf den mit Frischkäse bestrichenen Reiswaffeln.

3. Träufle ein wenig Olivenöl über die Tomaten- und Gurkenscheiben und würze sie mit einer Prise Salz und Pfeffer.

4. Bestreue die belegten Waffeln mit den frisch gehackten Basilikumblättern und den leicht gerösteten Kürbiskernen. Guten Appetit.

Zucchini-Rösti mit laktosefreiem Käse

Zubereitungszeit: 20 Minuten
Portionen:1 Person

Zutaten:

- 200 g Zucchini, grob gerieben
- 50 g laktosefreier Hartkäse (z.B. Cheddar), fein gerieben
- 1 Bio-Ei Größe M, verquirlt
- 2 EL Buchweizenmehl
- 1/4 TL Salz
- 1/4 TL Pfeffer
- 2 EL natives Olivenöl extra
- 1 EL frisch gehackte Petersilie zum Garnieren

Zubereitung:

1. Drücke die geriebene Zucchini in einem sauberen Küchentuch fest aus, um überschüssige Flüssigkeit zu entfernen. Dies ist wichtig, damit die Rösti nicht zu feucht werden.

2. In einer mittelgroßen Schüssel die ausgedrückte Zucchini, den laktosefreien Hartkäse, das verquirlte Ei, Buchweizenmehl, Salz und Pfeffer vermengen. Rühre alles gut um, bis eine gleichmäßige Masse entsteht.

3. Erhitze das Olivenöl in einer Pfanne über mittlerer Hitze. Forme mit den Händen kleine Rösti aus der Zucchinimischung und lege sie vorsichtig in die Pfanne. Drücke sie leicht flach, damit sie gleichmäßig garen.

4. Brate die Rösti von jeder Seite für etwa 3-4 Minuten oder bis sie goldbraun und knusprig sind. Wende sie vorsichtig mit einem Pfannenwender, um sicherzustellen, dass sie nicht zerbrechen.

5. Sobald die Rösti fertig sind, lege sie auf Küchenpapier, um überschüssiges Öl aufzusaugen.

6. Serviere das Gericht heiß und garniere es mit frisch gehackter Petersilie. Guten Appetit.

Mandelmilch-Smoothie mit Spinat und Ananas

Zubereitungszeit: 5 Minuten
Portionen:1 Person

Zutaten:

- 200 ml Mandelmilch, ungesüßt
- 1 Handvoll frischer Spinat,
  gründlich gewaschen
- 100 g Ananas, frisch, in Würfel geschnitten
- 1/2 Kiwi, geschält und in
  Stücke geschnitten
- 1 TL Chiasamen
- 1 TL Ahornsirup

Zubereitung:

1. Gib die Mandelmilch in den Mixer.

2. Füge den frischen Spinat hinzu.

3. Anschließend kommen die Ananaswürfel und Kiwistücke dazu.

4. Streue die Chiasamen über die Zutaten.

5. Zum Schluss den Ahornsirup für eine natürliche Süße hinzufügen.

6. Mixe alle Zutaten auf höchster Stufe, bis der Smoothie eine glatte und
   cremige Konsistenz hat.

7. Gieße den Smoothie in ein großes Glas und genieße ihn. Guten Appetit.

Omelett mit Alfalfa-Sprossen und Paprika

Zubereitungszeit: 10 Minuten
Portionen:1 Person

Zutaten:

- 2 Bio-Eier Größe M
- 1 EL natives Olivenöl extra
- 30 g Alfalfa-Sprossen, frisch
- 1/2 gelbe Paprika, in kleine Würfel geschnitten
- Salz und Pfeffer nach Geschmack
- 1 EL frischer Schnittlauch, fein gehackt
- 1 EL laktosefreier Käse, gerieben, optional

Zubereitung:

1. Schlage die Eier in einer Schüssel auf und verquirle sie mit einer Prise Salz und Pfeffer, bis sie schaumig sind.

2. Erhitze das Olivenöl in einer beschichteten Pfanne bei mittlerer Hitze. Sobald das Öl heiß ist, füge die Paprikawürfel hinzu und brate sie für 2-3 Minuten, bis sie weich, aber noch bissfest sind.

3. Verteile die Alfalfa-Sprossen gleichmäßig über die Paprika in der Pfanne. Gieße dann die verquirlten Eier darüber und streue den geriebenen laktosefreien Käse darüber, falls verwendet.

4. Lasse das Omelett bei mittlerer Hitze garen, bis die Eier gestockt sind, das dauert etwa 3-4 Minuten. Mit einem Spatel vorsichtig am Rand entlangfahren, um zu prüfen, ob das Omelett sich löst.

5. Sobald das Omelett fertig gegart ist, falte es vorsichtig in der Mitte zusammen und schiebe es auf einen Teller.

6. Bestreue das Omelett zum Schluss mit frischem Schnittlauch. Guten Appetit.

Hirse-Porridge mit Preiselbeeren

Zubereitungszeit: 15 Minuten
Portionen:1 Person

Zutaten:

- 50 g Hirse, gut gespült und abgetropft
- 250 ml laktosefreie Milch
- 1 EL Preiselbeeren, frisch oder gefroren
- 1 TL Ahornsirup
- 1 Prise Muskat
- 1 EL Kürbiskerne
- Einige frische Minzblätter zum Garnieren

Zubereitung:

1. Gib die Hirse zusammen mit der laktosefreien Milch in einen kleinen Topf. Bringe die Mischung bei mittlerer Hitze zum Kochen.

2. Sobald die Mischung kocht, reduziere die Hitze auf niedrig. Lasse die Hirse unter gelegentlichem Rühren etwa 10 Minuten köcheln, bis sie weich wird und die Milch größtenteils aufgesogen hat.

3. Während die Hirse köchelt, röste die Kürbiskerne in einer trockenen Pfanne bei mittlerer Hitze für etwa 2-3 Minuten, bis sie leicht gebräunt sind. Achte darauf, sie regelmäßig zu schwenken, damit sie nicht anbrennen.

4. Wenn die Hirse die gewünschte Konsistenz erreicht hat, nimm den Topf vom Herd. Rühre den Ahornsirup und eine Prise Muskat unter. Sollte der Porridge zu dick sein, kannst du noch etwas laktosefreie Milch hinzufügen, um ihn zu verdünnen.

5. Gib den Porridge in eine Schale. Verteile die Preiselbeeren und die gerösteten Kürbiskerne darüber. Garniere das Ganze mit einigen frischen Minzblättern. Guten Appetit.

Hauptgerichte

Gebackener Lachs mit Dill und Zitronenbett

Zubereitungszeit: 30 Minuten
Portionen:1 Person

Zutaten:

- 150 g Lachsfilet, frisch
- 1/2 Bio-Zitrone, in dünne Scheiben geschnitten
- 1 EL natives Olivenöl extra
- 1/2 TL getrockneter Dill
- Salz nach Geschmack
- Pfeffer nach Geschmack
- 1 Handvoll frischer Spinat, gewaschen
- 2 EL frisch gepresster Bio-Orangensaft
- 1 TL Ahornsirup

Zubereitung:

1. Heize deinen Ofen auf 200 Grad vor. Währenddessen legst du die Zitronenscheiben auf den Boden einer kleinen Auflaufform, sodass sie ein Bett für den Lachs bilden.

2. Nimm das Lachsfilet und tupfe es mit Küchenpapier trocken. Reibe es dann auf beiden Seiten mit Olivenöl ein und würze es mit Salz, Pfeffer und Dill. Lege den Lachs vorsichtig auf das Zitronenbett.

3. Gib den Lachs in den Ofen und backe ihn etwa 20 Minuten lang, oder bis er durchgegart ist und sich leicht mit einer Gabel zerteilen lässt.

4. Während der Lachs backt, kannst du den Spinat vorbereiten. Erhitze eine Pfanne bei mittlerer Hitze, füge einen Spritzer Olivenöl hinzu und sautiere den Spinat, bis er gerade welk wird. Das dauert meist nicht länger als 2-3 Minuten. Würze den Spinat mit einer Prise Salz und Pfeffer.

5. Nimm den Lachs aus dem Ofen und lasse ihn kurz abkühlen. In der Zwischenzeit mische den Orangensaft und Ahornsirup in einer kleinen Schüssel.

6. Arrangiere den Spinat auf einem Teller. Lege danach den gebackenen Lachs darauf und beträufle ihn mit der Orangensaft-Ahornsirup-Mischung. Guten Appetit.

Rinderfiletstreifen mit Paprika und Quinoa

Zubereitungszeit: 25 Minuten
Portionen:1 Person

Zutaten:

- 150 g Rinderfilet, in Streifen geschnitten
- 1/2 rote Paprika, in Streifen geschnitten
- 1/2 gelbe Paprika, in Streifen geschnitten
- 60 g Quinoa, gut gespült und abgetropft
- 1 EL natives Olivenöl extra
- 1 TL Balsamico-Essig
- 1/4 TL Paprikapulver
- 1/4 TL Kurkuma
- Salz und Pfeffer nach Geschmack
- Einige Blätter frischer Spinat
- 1 TL gehackter frischer Petersilie

Zubereitung:

1. Beginne damit, die Quinoa gemäß der Packungsanleitung in einem Topf mit Wasser zu kochen. Sobald sie gar ist, nimm sie vom Herd und lass sie abkühlen.

2. Während die Quinoa kocht, erhitzt du das Olivenöl in einer Pfanne auf mittlerer Stufe. Gib die Rinderfiletstreifen in die Pfanne und brate sie, bis sie von allen Seiten braun sind. Das dauert ungefähr 3-4 Minuten. Würze die Streifen mit Salz und Pfeffer.

3. Nimm die Rinderfiletstreifen aus der Pfanne und lege sie beiseite. In der gleichen Pfanne brätst du nun die Paprikastreifen an, bis sie weich sind, aber noch Biss haben. Dies dauert etwa 2-3 Minuten. Würze sie mit Paprikapulver, Kurkuma, Salz und Pfeffer.

4. Gib die Quinoa zu den Paprikastreifen in die Pfanne und vermische alles gut. Träufle den Balsamico-Essig darüber und rühre um.

5. Lege die Rinderfiletstreifen zurück in die Pfanne und vermische sie vorsichtig mit der Quinoa und den Paprikastreifen. Erhitze alles noch einmal gemeinsam für etwa 1 Minute.

6. Richte das Gericht auf einem Teller an. Garniere es mit frischen Spinatblättern und bestreue es mit gehackter Petersilie. Guten Appetit.

Hähnchenbrust mit Brokkoli

Zubereitungszeit: 30 Minuten
Portionen:1 Person

Zutaten:

- 150 g Hähnchenbrust, in Würfel geschnitten
- 200 g Brokkoli, in Röschen geteilt
- 1 EL natives Olivenöl extra
- 1 TL getrockneter Rosmarin
- 1/2 TL Salz
- 1/4 TL Pfeffer
- 2 EL frisch gepresster Bio-Orangensaft
- 1 TL Ahornsirup
- 1 TL Balsamico-Essig
- 1/2 TL Kurkuma
- 1 EL Knoblauchöl zum Beträufeln

Zubereitung:

1. Heize den Ofen auf 200 Grad vor. In einer großen Schüssel vermische das Olivenöl, den Rosmarin, Salz, Pfeffer, Orangensaft, Ahornsirup, Balsamico-Essig und Kurkuma. Füge die Hähnchenwürfel hinzu und mariniere sie für etwa 10 Minuten.

2. Währenddessen verteile die Brokkoliröschen auf einem mit Backpapier ausgelegten Backblech. Besprühe oder beträufle sie leicht mit Olivenöl und einer Prise Salz.

3. Verteile die marinierten Hähnchenwürfel neben dem Brokkoli auf dem Backblech. Stelle sicher, dass alles eine Ebene bildet, damit es gleichmäßig gart.

4. Backe das Hähnchen und den Brokkoli für etwa 20 Minuten im Ofen, bis das Hähnchen durchgegart und der Brokkoli zart ist. Wende das Hähnchen und die Brokkoliröschen nach der Hälfte der Zeit einmal, um eine gleichmäßige Bräunung zu gewährleisten.

5. Sobald Hähnchen und Brokkoli fertig sind, gib sie in eine Servierschüssel. Träufle das Knoblauchöl darüber und vermische alles sanft.

6. Serviere das Gericht. Guten Appetit.

Tofu-Stir-Fry mit Gemüse und Sojasauce

Zubereitungszeit: 20 Minuten
Portionen:1 Person

Zutaten:

- 200 g fester Tofu, in Würfel geschnitten
- 1 EL natives Olivenöl extra
- 50 g Karotten, in dünne Streifen geschnitten
- 50 g Zucchini, in Halbmonde geschnitten
- 50 g rote Paprika, in Streifen geschnitten
- 30 g Bambussprossen, abgetropft
- 2 EL Tamari Sojasauce
- 1 TL Ahornsirup
- 1 TL Ingwer, frisch gerieben
- 1 TL Sesamöl
- Salz und Pfeffer nach Geschmack
- Frische Petersilie, gehackt, zum Garnieren
- 1 EL Kürbiskerne zum Bestreuen

Zubereitung:

1. Erhitze das Olivenöl in einer Pfanne auf mittlerer Stufe. Gib die Tofuwürfel hinzu und brate sie goldbraun an, etwa 5 Minuten. Nimm den Tofu dann aus der Pfanne und stelle ihn beiseite.

2. In der gleichen Pfanne die Karotten, Zucchini und rote Paprika hinzufügen und für ca. 5 Minuten anbraten, bis das Gemüse weich, aber noch bissfest ist. Füge die Bambussprossen hinzu und brate alles weitere 2 Minuten.

3. Während das Gemüse brät, vermische in einer kleinen Schüssel die Tamari Sojasauce, Ahornsirup, geriebenen Ingwer und Sesamöl zu einer Sauce.

4. Gib den gebratenen Tofu zurück in die Pfanne zum Gemüse. Gieße die Sauce darüber und rühre um, sodass alles gut mit der Sauce überzogen ist. Lass es noch 2-3 Minuten köcheln.

5. Schmecke alles mit Salz und Pfeffer ab und gib es auf einen Teller.

6. Garniere das Gericht mit frischer Petersilie und bestreue es mit Kürbiskernen. Guten Appetit.

Auberginen-Lasagne mit Spinat und Ricotta

Zubereitungszeit: 45 Minuten

Portionen:1 Person

Zutaten:

- 1 mittelgroße Aubergine, in dünne Scheiben geschnitten
- 100 g frischer Spinat, gewaschen
- 100 g Ricotta
- 2 EL natives Olivenöl extra
- 1 kleine Karotte, fein gewürfelt
- 50 g Feta, zerbröckelt
- 2 EL gehacktes Basilikum
- 1 EL Balsamico-Essig
- Salz und Pfeffer
- 1 TL getrockneter Oregano
- 50 ml laktosefreie Milch oder ungesüßte Mandelmilch
- 1 EL glutenfreies Mehl

Zubereitung:

1. Heize den Ofen auf 180 Grad vor. Bestreiche die Auberginenscheiben leicht mit 1 EL Olivenöl und lege sie auf ein mit Backpapier ausgelegtes Backblech. Backe sie im Ofen für etwa 15-20 Minuten, bis sie weich und leicht gebräunt sind.

2. Währenddessen erhitze den restlichen EL Olivenöl in einer Pfanne über mittlerer Hitze. Füge die Karottenwürfel hinzu und brate sie, bis sie weich sind. Gib dann den Spinat dazu und koche ihn, bis er zusammenfällt. Nimm die Pfanne vom Herd.

3. In einer kleinen Schüssel vermische den Ricotta, Feta, Basilikum, Balsamico-Essig, Salz, Pfeffer und Oregano. Füge die Spinat-Karotten-Mischung hinzu und rühre um, bis alles gut vermischt ist.

4. In einem kleinen Topf erhitze die Milch, ohne sie zum Kochen zu bringen. Rühre das Mehl ein, bis eine glatte Sauce entsteht. Würze mit Salz und Pfeffer.

5. Beginne mit dem Schichten in einer kleinen, ofenfesten Form: Starte mit einer Schicht Auberginenscheiben, gefolgt von der Spinat-Ricotta-Mischung und ein wenig von der Milchsauce. Wiederhole die Schichten, bis alle Zutaten aufgebraucht sind, und schließe mit einer Schicht Auberginen ab.

6. Backe die Lasagne für etwa 20 Minuten im Ofen, bis die Oberseite leicht gebräunt ist. Guten Appetit.

Quinoa-Pilz-Pfanne mit Thymian

Zubereitungszeit: 25 Minuten
Portionen:1 Person

Zutaten:

- 60 g Quinoa, gut gespült und abgetropft
- 150 g Austernpilze, grob geschnitten
- 1 EL natives Olivenöl extra
- 1/4 TL Salz
- 1/4 TL Pfeffer
- 1 TL frischer Thymian, fein gehackt
- 50 g Gurke, in Würfel geschnitten
- 1 EL frischer Bio-Zitronensaft
- 1 EL Schnittlauch, fein geschnitten
- 1 TL natives Olivenöl extra für das Dressing

Zubereitung:

1. In einem mittelgroßen Topf 120 ml Wasser zum Kochen bringen. Quinoa hinzufügen, die Hitze reduzieren und zugedeckt 15 Minuten köcheln lassen, bis die Quinoa das Wasser aufgenommen hat. Vom Herd nehmen und 5 Minuten zugedeckt quellen lassen. Dann mit einer Gabel auflockern.

2. Während die Quinoa kocht, erhitzt du 1 EL Olivenöl in einer Pfanne auf mittlerer Stufe. Füge die Austernpilze hinzu und brate sie 5-7 Minuten an, bis sie goldbraun und weich sind. Mit Salz und Pfeffer würzen.

3. Den gekochten Quinoa in die Pfanne zu den Pilzen geben. Thymian darüberstreuen und alles gut vermischen. Alles zusammen 2-3 Minuten braten lassen.

4. Die Quinoa-Pilz-Mischung auf einen Teller geben. Die Gurkenwürfel darüberstreuen.

5. Für das Dressing mischst du Zitronensaft, Schnittlauch und 1 TL Olivenöl in einer kleinen Schüssel. Über die Quinoa-Pilz-Pfanne träufeln.

6. Alles gut vermischen und servieren. Guten Appetit.

Gefüllte Paprika mit Reis und Gemüse

Zubereitungszeit: 40 Minuten

Portionen:1 Person

Zutaten:

- 1 gelbe Paprika, halbiert und entkernt
- 60 g Reis (braun oder weiß), gut gespült und abgetropft
- 30 g Aubergine, gewürfelt
- 30 g Zucchini, gewürfelt
- 2 EL natives Olivenöl extra
- 1 Prise Salz
- 1 Prise Pfeffer
- 1 TL Oregano, getrocknet
- 1 EL Petersilie, frisch gehackt
- 50 g Tomaten, gewürfelt
- 30 g Feta, zerbröckelt
- 1 EL natives Olivenöl extra zum Beträufeln

Zubereitung:

1. Den Ofen auf 200 Grad vorheizen. Die Paprikahälften in eine Auflaufform legen und mit etwas Olivenöl beträufeln. Für etwa 15 Minuten im Ofen vorgaren, bis sie leicht weich sind.

2. Währenddessen den Reis nach Packungsanleitung kochen, bis er gar ist. In einem Sieb abtropfen lassen und zur Seite stellen.

3. In einer Pfanne 2 EL Olivenöl bei mittlerer Hitze erwärmen. Aubergine und Zucchini hinzufügen und für etwa 5 Minuten anbraten, bis sie weich sind. Tomaten, Salz, Pfeffer und Oregano dazugeben und weitere 2 Minuten kochen.

4. Den gekochten Reis und die Hälfte der Petersilie unter das Gemüse mischen. Die Mischung abschmecken und gegebenenfalls nachwürzen.

5. Die Reis-Gemüse-Mischung gleichmäßig in die Paprikahälften füllen. Feta darüber streuen und mit einem weiteren EL Olivenöl beträufeln.

6. Die gefüllten Paprika in den Ofen geben und weitere 20 Minuten backen, bis der Käse leicht goldbraun ist.

7. Mit der restlichen Petersilie garnieren und servieren. Guten Appetit.

Zucchini-Spaghetti mit Tomaten-Basilikum-Sauce

Zubereitungszeit: 20 Minuten
Portionen:1 Person

Zutaten:

- 1 mittelgroße Zucchini, in Spaghetti-Form geschnitten
- 2 EL natives Olivenöl extra
- 1 Handvoll frische Basilikumblätter, fein gehackt
- 150 g reife Tomaten, gewürfelt
- 1 EL Knoblauchöl
- Salz nach Geschmack
- Frisch gemahlener schwarzer Pfeffer nach Geschmack
- 50 ml laktosefreie Sahne
- 30 g Hartkäse (z.B. Parmesan), gerieben
- 1 Prise Muskat

Zubereitung:

1. Erhitze 1 EL Olivenöl in einer Pfanne über mittlerer Hitze. Füge die Zucchini-Spaghetti hinzu und brate sie für etwa 3-4 Minuten, bis sie leicht weich, aber immer noch bissfest sind. Nimm die Zucchini aus der Pfanne und stelle sie beiseite.

2. In der gleichen Pfanne, jetzt mit 1 EL Knoblauchöl, gib die Tomatenwürfel hinzu. Koche sie für 5 Minuten, bis sie anfangen, weich zu werden und eine Sauce zu bilden.

3. Füge die laktosefreie Sahne und die Hälfte des Basilikums zur Tomatensauce hinzu. Würze mit Salz, Pfeffer und einer Prise Muskat. Lasse die Sauce für weitere 2-3 Minuten köcheln, bis sie leicht eindickt.

4. Gib die Zucchini-Spaghetti zurück in die Pfanne. Mische sie vorsichtig unter die Tomaten-Basilikum-Sauce, bis alles gut vermischt und die Zucchini heiß ist.

5. Serviere die Zucchini-Spaghetti mit dem restlichen Basilikum und dem geriebenen Hartkäse darüber gestreut. Träufle das restliche Olivenöl darüber und gib nach Belieben noch etwas schwarzen Pfeffer dazu. Guten Appetit.

Lammkoteletts mit Minz-Pesto

Zubereitungszeit: 25 Minuten
Portionen:1 Person

Zutaten:

- 2 Lammkoteletts (ca. 150 g)
- 1 EL natives Olivenöl extra
- Salz und Pfeffer nach Geschmack
- 10 g frische Minze, Blätter fein gehackt
- 1 EL gehackte Petersilie
- 1 TL gehackter frischer Rosmarin
- 1 EL natives Olivenöl extra für das Pesto
- 1 TL Balsamico-Essig
- 1/2 TL geriebene Bio-Zitrone
- 1 EL Knoblauchöl
- 2 EL geröstete Kürbiskerne

Zubereitung:

1. Die Lammkoteletts unter fließendem Wasser abspülen und trocken tupfen. Mit Salz und Pfeffer würzen und beiseitelegen.

2. Für das Minz-Pesto die Minze, Petersilie, Rosmarin, Olivenöl, Balsamico-Essig, Zitronenabrieb und Knoblauchöl in einen Mörser oder kleinen Mixer geben. Die Kürbiskerne hinzufügen und alles zu einer groben Paste verarbeiten. Abschmecken und bei Bedarf nachwürzen.

3. Eine Pfanne bei mittlerer Hitze erwärmen und 1 EL Olivenöl hinzufügen. Die Lammkoteletts von jeder Seite ca. 3-4 Minuten für eine Medium-Rare Garstufe anbraten. Die genaue Bratzeit hängt von der Dicke der Koteletts ab.

4. Die Lammkoteletts aus der Pfanne nehmen und kurz ruhen lassen. Anschließend auf einem Teller anrichten und das Pesto darüber verteilen. Guten Appetit.

Fischfilet mit Mangold und Pinienkernen

Zubereitungszeit: 25 Minuten
Portionen:1 Person

Zutaten:

- 150 g Fischfilet (z.B. Kabel-
  jau oder Seelachs)
- 200 g Mangold, grob gehackt
- 1 EL Pinienkerne
- 2 EL natives Olivenöl extra
- Salz nach Geschmack
- Pfeffer nach Geschmack
- 1/2 TL Paprikapulver
- 1 EL frisch gepresster Bio-
  Orangensaft
- 1 TL gehackter frischer Thymian

Zubereitung:

1. Beginne damit, den Backofen auf 180 Grad vorzuheizen.

2. In einer Pfanne 1 EL Olivenöl auf mittlerer Hitze erhitzen. Die Pinienkerne hinzufügen und rösten, bis sie goldbraun sind. Achte darauf, sie
   häufig zu wenden, damit sie nicht verbrennen. Sobald sie fertig sind,
   nimm sie aus der Pfanne und lege sie beiseite.

3. In der gleichen Pfanne den Mangold mit etwas Salz und Pfeffer hinzufügen. Dünste den Mangold, bis er welk ist, was etwa 3-4 Minuten dauern sollte. Dann vom Herd nehmen und beiseite stellen.

4. Das Fischfilet mit Salz, Pfeffer und Paprikapulver würzen. In einer separaten Pfanne das restliche Olivenöl erhitzen und das Fischfilet von
   beiden Seiten je 2-3 Minuten anbraten, bis es durchgegart ist.

5. Das Fischfilet auf einen Teller legen, den Mangold daneben anrichten.
   Mit den gerösteten Pinienkernen bestreuen und den frischen Thymian
   darüberstreuen.

6. Zum Schluss den Orangensaft über das Fischfilet träufeln und servieren. Guten Appetit.

Kürbis-Risotto mit gerösteten Kernen

Zubereitungszeit: 30 Minuten
Portionen:1 Person

Zutaten:

- 150 g Hokkaido Kürbis, gewürfelt
- 70 g Reis (braun oder weiß), gut gespült und abgetropft
- 500 ml Histaminikus Gemüsebrühe
- 1 EL natives Olivenöl extra
- 1 EL Knoblauchöl
- 30 g Parmesan, gerieben
- 2 EL Kürbiskerne
- Salz nach Geschmack
- Pfeffer nach Geschmack
- 1 TL gehackter frischer Rosmarin
- 1 TL gehackter frischer Thymian

Zubereitung:

1. Erhitze das Olivenöl in einem mittelgroßen Topf bei mittlerer Hitze. Gib die gewürfelten Kürbisstücke hinzu und brate sie für etwa 5 Minuten an, bis sie beginnen, weich zu werden.

2. Füge den Reis hinzu und rühre um, sodass er mit dem Öl überzogen ist und leicht glasig wird. Gieße dann nach und nach die Gemüsebrühe dazu. Lass das Ganze unter gelegentlichem Rühren köcheln, bis der Reis das Wasser aufgenommen hat und cremig ist. Dies dauert etwa 20-25 Minuten.

3. Während das Risotto köchelt, erhitze das Knoblauchöl in einer kleinen Pfanne und röste die Kürbiskerne unter gelegentlichem Rühren goldbraun. Nimm sie dann vom Herd.

4. Wenn der Reis weich und das Risotto cremig ist, nimm den Topf vom Herd. Rühre den geriebenen Parmesan, Rosmarin und Thymian unter. Würze mit Salz und Pfeffer nach Geschmack.

5. Serviere das Risotto in einem tiefen Teller und bestreue es mit den gerösteten Kürbiskernen. Guten Appetit.

Putenrouladen mit Cranberry-Füllung

Zubereitungszeit: 35 Minuten
Portionen:1 Person

Zutaten:

- 150 g Putenbrust, flach ge-klopft
- 1 EL Cranberrys, getrocknet
- 1/2 kleine Karotte, in dünne Streifen geschnitten
- 1 EL frischer Spinat, grob ge-hackt
- 1 TL natives Olivenöl extra
- 1 TL Balsamico-Essig
- Salz und Pfeffer nach Ge-schmack
- 1 TL Ahornsirup
- 1/2 TL frischer Thymian, fein gehackt
- 1/2 TL frischer Rosmarin, fein gehackt

Zubereitung:

1. Den Ofen auf 180 Grad vorheizen. Die Putenbrust zwischen zwei Stücke Frischhaltefolie legen und vorsichtig flach klopfen, bis sie etwa 1 cm dick ist.

2. Auf einer Seite der Putenbrust Cranberrys, Karottenstreifen und Spinat gleichmäßig verteilen. Mit Salz und Pfeffer würzen.

3. Die Putenbrust vorsichtig aufrollen und mit Küchengarn oder Zahnstochern zusammenhalten.

4. Olivenöl in einer ofenfesten Pfanne erhitzen. Die Roulade von allen Seiten kurz anbraten, bis sie leicht gebräunt ist.

5. Balsamico-Essig und Ahornsirup über die Roulade geben. Thymian und Rosmarin darauf verteilen.

6. Die Pfanne in den Ofen schieben und die Roulade 20-25 Minuten garen, bis das Fleisch durchgegart ist.

7. Die Putenroulade aus dem Ofen nehmen und vor dem Anschneiden 5 Minuten ruhen lassen. Guten Appetit.

Vegetarische Paella mit Safran und Gemüse

Zubereitungszeit: 30 Minuten
Portionen:1 Person

Zutaten:

- 60 g Quinoa, gut gespült und abgetropft
- 150 ml Histaminikus Gemüsebrühe
- 1/4 TL Safranfäden
- 1 EL natives Olivenöl extra
- 50 g Hokkaido Kürbis, gewürfelt
- 50 g Zucchini, gewürfelt
- 30 g rote Paprika, gewürfelt
- 30 g Tomaten, gewürfelt
- 30 g grüne Bohnen, geschnitten
- 1 EL gehackte Petersilie
- 1 EL Knoblauchöl
- Salz und Pfeffer nach Geschmack
- 1/4 TL Paprikapulver
- Eine Prise Kurkuma
- 1 EL frisch gepresster Bio-Orangensaft

Zubereitung:

1. Bringe die Gemüsebrühe in einem mittelgroßen Topf zum Kochen und füge den Safran hinzu. Lass es für ein paar Minuten köcheln.

2. Gib die Quinoa in die Brühe, reduziere die Hitze und lass sie zugedeckt für etwa 15 Minuten köcheln, bis die Quinoa weich ist und die Flüssigkeit aufgenommen hat.

3. Während die Quinoa kocht, erhitze das Olivenöl in einer Pfanne auf mittlerer Stufe. Füge den Kürbis, die Zucchini, die Paprika und die grünen Bohnen hinzu. Brate das Gemüse für etwa 5-7 Minuten, bis es weich, aber noch bissfest ist.

4. Wenn die Quinoa fertig ist, gib sie zu dem Gemüse in die Pfanne. Füge die Tomaten, das Knoblauchöl, Paprikapulver, Kurkuma und den frisch gepressten Orangensaft hinzu. Rühre alles gut um und brate es weitere 2-3 Minuten.

5. Schmecke die Paella mit Salz, Pfeffer und gehackter Petersilie ab. Rühre zum Schluss alles gut durch. Guten Appetit.

Rote-Linsen-Curry

Zubereitungszeit: 25 Minuten
Portionen:1 Person

Zutaten:

- 100 g rote Linsen aus der Dose, gut abgespült
- 200 ml Histaminikus Gemüsebrühe
- 1 EL natives Olivenöl extra
- 50 g Aubergine, gewürfelt
- 50 g Zucchini, gewürfelt
- 30 g gelbe Paprika, gewürfelt
- 1 EL Tomaten, gewürfelt
- 1 TL Currypulver
- 1 TL Kurkuma
- Salz und Pfeffer nach Geschmack
- Ein paar Blätter frischer Spinat
- 1 EL frisch gepresster Bio-Zitronensaft

Zubereitung:

1. Erhitze das Olivenöl in einer Pfanne auf mittlerer Stufe. Gib die Aubergine, Zucchini und gelbe Paprika hinzu und brate sie für etwa 5 Minuten, bis sie weich werden.

2. Füge die Tomaten und die roten Linsen dazu. Rühre das Currypulver und den Kurkuma unter. Lasse alles für 1 Minute köcheln.

3. Gieße die Gemüsebrühe hinzu und rühre alles gut um. Lass das Curry für etwa 15 Minuten auf niedriger Stufe köcheln, bis die Linsen weich sind und die Flüssigkeit etwas eingedickt ist.

4. Schmecke das Curry mit Salz und Pfeffer ab und gib zum Schluss den frischen Spinat dazu. Lasse den Spinat in der heißen Currymischung zusammenfallen.

5. Nimm das Curry vom Herd und rühre den frisch gepressten Zitronensaft unter. Serviere das Curry warm. Guten Appetit.

Gemüse-Tajine mit Hirse

Zubereitungszeit: 35 Minuten

Portionen:1 Person

Zutaten:

- 50 g Hirse, gut gespült und abgetropft
- 150 ml Histaminikus Gemüsebrühe
- 1 EL natives Olivenöl extra
- 50 g Aubergine, gewürfelt
- 50 g Zucchini, gewürfelt
- 30 g gelbe Paprika, gewürfelt
- 30 g Tomaten, gewürfelt
- 1/4 TL Kurkuma
- 1/4 TL Paprikapulver
- 1/4 TL Kreuzkümmel
- 1 EL frisch gehackte Petersilie
- Salz und Pfeffer nach Geschmack
- Ein Spritzer Bio-Zitronensaft

Zubereitung:

1. Hirse in einem Sieb unter fließendem Wasser gründlich abspülen. Lass sie gut abtropfen.

2. In einem kleinen Topf 1 EL Olivenöl erhitzen. Aubergine, Zucchini, gelbe Paprika und Tomaten hinzufügen und bei mittlerer Hitze 5 Minuten anbraten, bis das Gemüse weich wird.

3. Hirse zu dem Gemüse geben, Kurkuma, Paprikapulver, Kreuzkümmel, Salz und Pfeffer hinzufügen und alles gut vermischen.

4. Die Gemüsebrühe eingießen und einmal aufkochen lassen. Dann die Hitze reduzieren, den Topf abdecken und die Hirse bei niedriger Hitze 20 Minuten köcheln lassen, bis sie weich und die Flüssigkeit absorbiert ist.

5. Vom Herd nehmen und ein paar Minuten ruhen lassen. Mit einer Gabel die Hirse auflockern.

6. Vor dem Servieren mit frisch gehackter Petersilie bestreuen und mit einem Spritzer Zitronensaft abschmecken. Guten Appetit.

Suppen

Kürbis-Ingwer-Suppe

Zubereitungszeit: 30 Minuten
Portionen:1 Person

Zutaten:

- 200 g Hokkaido Kürbis, gewürfelt
- 1 TL frischer Ingwer, fein gerieben
- 200 ml Histaminikus Gemüsebrühe
- 1 EL natives Olivenöl extra
- 50 ml laktosefreie Milch
- Salz nach Geschmack
- Pfeffer nach Geschmack
- 1 EL Kürbiskerne
- 1 EL frische Petersilie, fein gehackt

Zubereitung:

1. Erhitze das Olivenöl in einem Topf bei mittlerer Hitze. Gib die Kürbiswürfel und den geriebenen Ingwer hinzu. Lass die Kürbiswürfel für etwa 5 Minuten anbraten, bis sie leicht gebräunt sind.

2. Füge die Gemüsebrühe hinzu und bringe alles zum Kochen. Reduziere die Hitze und lass die Suppe für etwa 20 Minuten köcheln, bis der Kürbis weich ist.

3. Püriere die Suppe mit einem Stabmixer, bis sie eine glatte Konsistenz hat. Gib die laktosefreie Milch hinzu und rühre um. Erhitze die Suppe weiter, ohne sie zum Kochen zu bringen. Schmecke mit Salz und Pfeffer ab.

4. Serviere die Suppe in einem tiefen Teller. Garniere sie zum Schluss mit Kürbiskernen und frischer Petersilie. Guten Appetit.

Karotten-Orangen-Suppe

Zubereitungszeit: 25 Minuten
Portionen:1 Person

Zutaten:

- 150 g Karotten, geschält und grob gewürfelt
- 200 ml frisch gepresster Bio-Orangensaft
- 1 TL natives Olivenöl extra
- 200 ml Histaminikus Gemüsebrühe
- 1/4 TL Kurkuma
- 1/4 TL Ingwer, frisch gerieben
- Salz und Pfeffer nach Geschmack
- 1 EL gehackte Petersilie
- 1 EL Kürbiskerne

Zubereitung:

1. Erhitze das Olivenöl in einem mittelgroßen Topf über mittlerer Hitze. Füge die Karottenwürfel hinzu und dünste sie für etwa 5 Minuten, bis sie beginnen, weich zu werden.

2. Streue den Kurkuma und den frisch geriebenen Ingwer über die Karotten. Rühre gut um, damit die Gewürze die Karotten gleichmäßig bedecken. Danach für weitere 2 Minuten köcheln lassen.

3. Gieße den frisch gepressten Orangensaft und die Gemüsebrühe hinzu. Erhöhe die Hitze, um die Mischung zum Kochen zu bringen. Sobald sie kocht, reduziere die Hitze und lasse die Suppe für etwa 15 Minuten köcheln, oder bis die Karotten vollständig weich sind.

4. Nimm den Topf vom Herd und püriere die Suppe mit einem Stabmixer, bis sie eine glatte Konsistenz hat. Falls die Suppe zu dick ist, kannst du noch etwas Gemüsebrühe hinzufügen, bis die gewünschte Konsistenz erreicht ist.

5. Schmecke die Suppe mit Salz und Pfeffer ab. Gib die Suppe in eine Schüssel.

6. Garniere die Suppe mit gehackter Petersilie und streue die Kürbiskerne darüber. Guten Appetit.

Tomaten-Basilikum-Suppe

Zubereitungszeit: 25 Minuten
Portionen:1 Person

Zutaten:

- 200 g Tomaten, gewürfelt
- 1 EL natives Olivenöl extra
- 1/4 TL Salz
- 1/4 TL Pfeffer
- 1 TL getrockneter Basilikum
- 500 ml Histaminikus Gemüsebrühe
- 50 g Aubergine, gewürfelt
- 1 EL frischer Basilikum, gehackt
- 1 EL Parmesan, gerieben
- 1 TL Balsamico-Essig

Zubereitung:

1. In einem mittelgroßen Topf das Olivenöl auf mittlerer Stufe erhitzen. Die gewürfelten Tomaten und Auberginen hinzufügen. Mit Salz und Pfeffer würzen. Die Gemüsemischung etwa 5 Minuten anbraten, bis sie weich wird.

2. Den getrockneten Basilikum über das Gemüse streuen und gut umrühren.

3. Die Gemüsebrühe hinzufügen und die Suppe zum Kochen bringen. Die Hitze reduzieren und die Suppe 15 Minuten lang köcheln lassen.

4. Die Suppe vom Herd nehmen und mit einem Stabmixer oder in einem Standmixer pürieren, bis sie eine glatte Konsistenz hat.

5. Die Suppe zurück in den Topf geben, den Balsamico-Essig einrühren und bei Bedarf mit Salz und Pfeffer abschmecken.

6. Die Suppe in eine Schüssel geben, mit frischem Basilikum und Parmesan garnieren und servieren. Guten Appetit.

Linseneintopf mit Spinat

Zubereitungszeit: 25 Minuten
Portionen:1 Person

Zutaten:

- 75 g rote Linsen aus der Dose, gut abgespült
- 200 ml Histaminikus Gemüsebrühe
- 1 EL natives Olivenöl extra
- 1 EL Knoblauchöl
- 50 g frischer Spinat, grob gehackt
- 1/4 TL Kurkuma
- 1/4 TL Paprikapulver
- 1/2 TL Salz
- 1/4 TL Pfeffer
- 1 TL frischer Bio-Zitronensaft
- 2 EL gehackte Petersilie

Zubereitung:

1. Erhitze das Olivenöl und das Knoblauchöl in einem mittelgroßen Topf auf mittlerer Stufe. Gib die roten Linsen dazu und röste sie leicht an.

2. Gieße die Gemüsebrühe hinzu und bringe den Eintopf zum Köcheln. Füge Kurkuma und Paprikapulver hinzu. Lasse die Linsen für etwa 15 Minuten köcheln, bis sie weich sind.

3. Gib den frischen Spinat dazu und koche ihn mit, bis er zusammenfällt und sich gut mit den Linsen vermischt hat. Dies sollte etwa 3-5 Minuten dauern.

4. Schmecke den Eintopf mit Salz, Pfeffer und dem frischen Zitronensaft ab. Lasse alles noch einmal kurz aufkochen und nimm den Topf dann vom Herd.

5. Streue die gehackte Petersilie über den fertigen Eintopf. Guten Appetit.

Zucchinicremesuppe

Zubereitungszeit: 25 Minuten
Portionen:1 Person

Zutaten:

- 100 g Zucchini, in kleine Stücke geschnitten
- 50 g Karotten, in kleine Stücke geschnitten
- 30 g frischer Spinat, grob gehackt
- 1 EL natives Olivenöl extra
- 350 ml Histaminikus Gemüsebrühe
- 1 EL gehackter frischer Basilikum, plus einige Blätter zur Garnierung
- 1 EL laktosefreie Sahne
- 1 TL frisch geriebener Ingwer
- Salz nach Geschmack
- Pfeffer nach Geschmack

Zubereitung:

1. Erhitze das Olivenöl in einem Topf bei mittlerer Hitze. Gib die Zucchini- und Karottenstücke hinzu und sautiere sie, bis sie beginnen, weich zu werden, etwa 5 Minuten.

2. Füge den frisch geriebenen Ingwer hinzu und sautiere alles für ein weiteres Minute.

3. Gieße die Gemüsebrühe dazu und erhöhe die Hitze, um die Mischung zum Kochen zu bringen. Sobald sie kocht, reduziere die Hitze und lasse die Suppe für etwa 15 Minuten köcheln.

4. Füge den frischen Spinat hinzu und koche die Suppe für weitere 5 Minuten, bis der Spinat welk geworden ist und Zucchini sowie Karotten vollständig weich sind.

5. Nimm den Topf vom Herd und rühre den gehackten Basilikum ein. Püriere die Suppe mit einem Stabmixer oder in einem Standmixer, bis sie glatt ist.

6. Gib die Suppe zurück in den Topf und rühre die laktosefreie Sahne unter. Erwärme die Suppe auf niedriger Stufe, ohne sie zum Kochen zu bringen. Schmecke mit Salz und Pfeffer ab.

7. Serviere die Suppe warm und garniere sie mit frischen Basilikumblättern. Guten Appetit.

Karotten-Ingwer-Suppe

Zubereitungszeit: 25 Minuten
Portionen:1 Person

Zutaten:

- 150 g Karotten, geschält und in Scheiben geschnitten
- 1 TL frischer Ingwer, fein gehackt
- 1 EL natives Olivenöl extra
- 300 ml Histaminikus Gemüsebrühe
- 1 Prise Muskat
- Salz und Pfeffer zum Abschmecken
- 2 EL laktosefreier Joghurt
- 1 TL Kürbiskerne
- Frische Petersilie, gehackt, zum Garnieren

Zubereitung:

1. In einem mittelgroßen Topf das Olivenöl auf mittlerer Stufe erhitzen. Karottenscheiben und Ingwer hinzufügen und für etwa 5 Minuten dünsten, bis die Karotten weich werden, aber nicht bräunen.

2. Die Gemüsebrühe hinzugeben und zum Kochen bringen. Die Hitze reduzieren und die Suppe 15 Minuten köcheln lassen, bis die Karotten vollständig weich sind.

3. Vom Herd nehmen und die Suppe mit einem Stabmixer pürieren, bis sie eine glatte Konsistenz hat. Mit Muskat, Salz und Pfeffer abschmecken.

4. Die Suppe in eine Schüssel geben, mit einem Löffel laktosefreien Joghurt, Kürbiskernen und gehackter Petersilie garnieren. Guten Appetit.

Brokkolisuppe

Zubereitungszeit: 30 Minuten
Portionen:1 Person

Zutaten:

- 200 g Brokkoli, in Röschen geschnitten
- 1 EL natives Olivenöl extra
- 250 ml Histaminikus Gemüsebrühe
- 1 mittelgroße Kartoffel, geschält und gewürfelt
- Salz und Pfeffer
- 1 TL Ingwer, fein gerieben
- 50 ml laktosefreie Milch
- Einige Blätter frischer Spinat zur Garnierung
- 1 EL frischer Schnittlauch, fein gehackt
- 2 EL Kürbiskerne
- 1 TL Bio-Zitronensaft
- 1 Prise Muskat, frisch gerieben
- 2 EL Kefir, für ein cremiges Finish

Zubereitung:

1. Erhitze das Olivenöl in einem Topf bei mittlerer Hitze. Füge den Brokkoli und die Kartoffelwürfel hinzu. Lasse sie für 5 Minuten anschwitzen, sodass sie leicht Farbe nehmen, aber achte darauf, dass sie nicht bräunen.

2. Gieße die Gemüsebrühe hinzu und bringe alles zum Kochen. Reduziere die Hitze, decke den Topf ab und lasse die Suppe für etwa 15 Minuten köcheln, bis der Brokkoli und die Kartoffeln weich sind.

3. Füge den frischen Ingwer hinzu und püriere die Suppe mit einem Stabmixer oder in einem Standmixer, bis sie eine glatte Konsistenz hat. Falls die Suppe zu dick ist, kannst du etwas mehr Brühe hinzufügen, um die gewünschte Konsistenz zu erreichen.

4. Rühre die laktosefreie Milch ein und erhitze die Suppe nochmals, ohne sie zum Kochen zu bringen. Schmecke mit Salz und Pfeffer ab.

5. Füge den frisch gepressten Zitronensaft und den Kefir hinzu, um die Suppe zu verfeinern. Achte darauf, die Suppe nach dem Hinzufügen des Kefirs nicht mehr zum Kochen zu bringen.

6. Serviere die Suppe heiß und garniere sie mit den Spinatblättern, dem Schnittlauch und den Kürbiskernen. Bestreue die Suppe leicht mit Muskat. Guten Appetit.

Auberginen-Zitrus-Suppe

Zubereitungszeit: 25 Minuten

Portionen:1 Person

Zutaten:

- 1 kleine Aubergine, gewürfelt
- 200 ml Histaminikus Gemüsebrühe
- 1 EL natives Olivenöl extra
- Saft von 1 Bio-Orange
- Saft von 1/2 Bio-Zitrone
- 1 TL frisch geriebener Ingwer
- 1/4 TL Kurkuma
- 1 Prise Salz
- 1 Prise schwarzer Pfeffer
- 1 EL gehackte Petersilie zur
Garnierung
- 50 g gekochte Quinoa, gut
gespült und abgetropft

Zubereitung:

1. Erhitze das Olivenöl in einem mittelgroßen Topf bei mittlerer Hitze.
Füge die gewürfelte Aubergine hinzu und brate sie für etwa 5 Minuten
an, bis sie weich wird.

2. Gib den frisch geriebenen Ingwer und Kurkuma dazu und rühre um,
damit die Auberginen gleichmäßig gewürzt werden. Lass die Gewürze
etwa 1 Minute mitbraten.

3. Gieße die Gemüsebrühe, den Orangensaft und den Zitronensaft dazu.
Erhöhe die Hitze, bis die Suppe zu köcheln beginnt, und reduziere sie
dann, um die Suppe 15 Minuten lang sanft köcheln zu lassen.

4. Würze die Suppe mit Salz und Pfeffer. Püriere die Suppe mit einem
Stabmixer oder in einem Standmixer, bis sie eine glatte Konsistenz hat.
Wenn du eine stückigere Suppe bevorzugst, kannst du diesen Schritt
überspringen oder nur einen Teil der Suppe pürieren.

5. Füge die gekochte Quinoa hinzu und koche alles zusammen für weitere 2 Minuten, um die Quinoa zu erwärmen.

6. Serviere die Suppe heiß, garniert mit gehackter Petersilie. Guten Appetit.

Kichererbseneintopf mit Kurkuma und Karotten

Zubereitungszeit: 30 Minuten
Portionen:1 Person

Zutaten:

- 100 g Kichererbsen aus der Dose, gut abgespült
- 2 mittelgroße Karotten, geschält und in Scheiben geschnitten
- 1 TL Knoblauchöl
- 500 ml Histaminikus Gemüsebrühe
- 1 TL Kurkuma
- 1/2 TL Ingwer, frisch gerieben
- Salz nach Geschmack
- Pfeffer nach Geschmack
- 1 EL frischer Koriander, gehackt
- 1 Handvoll Spinat, grob gehackt
- 1 TL Bio-Zitronensaft

Zubereitung:

1. Erhitze das Knoblauchöl in einem Topf bei mittlerer Hitze. Füge die Karottenscheiben hinzu und dünste sie für etwa 5 Minuten, bis sie leicht weich werden.

2. Streue den Kurkuma und den frisch geriebenen Ingwer über die Karotten und rühre um, damit die Gewürze gleichmäßig verteilt werden. Lass die Gewürze 1 Minute mit den Karotten köcheln.

3. Gib die Kichererbsen und die Gemüsebrühe in den Topf. Erhöhe die Hitze, um die Suppe zum Kochen zu bringen, reduziere dann die Hitze und lass alles für etwa 15 Minuten leicht köcheln.

4. Kurz vor Ende der Kochzeit füge den Spinat hinzu und koche ihn mit, bis er welk ist. Dies dauert ungefähr 2 Minuten.

5. Schmecke den Eintopf mit Salz, Pfeffer und Zitronensaft ab. Rühre alles gut um und prüfe, ob die Gewürze für deinen Geschmack passend sind.

6. Serviere den Eintopf heiß und bestreue ihn mit frischem Koriander. Guten Appetit.

Grüne Bohnensuppe mit Dill

Zubereitungszeit: 20 Minuten
Portionen:1 Person

Zutaten:

- 200 g grüne Bohnen, Enden entfernt und halbiert
- 1 EL natives Olivenöl extra
- 500 ml Histaminikus Gemüsebrühe
- 1 EL frischer Dill, fein gehackt
- 50 g Kartoffeln, gewürfelt
- 1 EL Knoblauchöl
- Salz nach Geschmack
- Frisch gemahlener Pfeffer nach Geschmack
- 1 EL Bio-Zitronensaft

Zubereitung:

1. Erhitze das Olivenöl in einem mittelgroßen Topf bei mittlerer Hitze. Gib die gewürfelten Kartoffeln hinzu und brate sie für etwa 5 Minuten an, bis sie leicht goldbraun sind.

2. Füge die grünen Bohnen hinzu und brate sie weitere 2 Minuten mit den Kartoffeln.

3. Gieße die Gemüsebrühe über die Kartoffeln und Bohnen. Erhöhe die Hitze, um die Suppe zum Kochen zu bringen. Sobald sie kocht, reduziere die Hitze und lasse die Suppe für etwa 10 Minuten köcheln, bis die Bohnen weich sind.

4. Nimm den Topf vom Herd und rühre den Dill und das Knoblauchöl ein. Schmecke die Suppe mit Salz, Pfeffer und Zitronensaft ab.

5. Serviere die Suppe heiß in einer Schüssel. Guten Appetit.

Paprika-Kartoffel-Suppe

Zubereitungszeit: 30 Minuten
Portionen:1 Person

Zutaten:

- 200 g Kartoffeln, gewürfelt
- 100 g gelbe Paprika, gewürfelt
- 1 EL natives Olivenöl extra
- 500 ml Histaminikus Gemüsebrühe
- 1 TL Paprikapulver
- Salz nach Geschmack
- Pfeffer nach Geschmack
- 50 g Austernpilze, in Streifen
geschnitten
- 1 EL frische Petersilie, gehackt
- Ein Spritzer Bio-Zitronensaft

Zubereitung:

1. Erhitze das Olivenöl in einem Topf bei mittlerer Hitze. Gib die Kartoffelwürfel hinzu und brate sie für ca. 5 Minuten an, bis sie leicht goldbraun werden.

2. Füge die gelbe Paprikawürfel hinzu und brate alles weitere 3 Minuten.
Streue das Paprikapulver darüber und rühre gut um.

3. Gieße die Gemüsebrühe hinzu. Bring die Suppe zum Kochen, reduziere dann die Hitze und lasse alles für etwa 20 Minuten köcheln, bis
die Kartoffeln weich sind.

4. In der Zwischenzeit brate die Austernpilzstreifen in einer separaten
Pfanne mit ein wenig Olivenöl bei mittlerer Hitze an, bis sie knusprig
sind. Lege sie beiseite.

5. Wenn die Kartoffeln weich sind, püriere die Suppe mit einem Stabmixer, bis sie eine glatte Konsistenz hat. Sollte die Suppe zu dick sein,
kannst du noch etwas Gemüsebrühe hinzufügen.

6. Schmecke die Suppe mit Salz, Pfeffer und einem Spritzer Zitronensaft
ab.

7. Serviere die Suppe heiß. Garniere sie mit den gebratenen Austernpilzstreifen und der frischen Petersilie. Guten Appetit.

Auberginen-Tomatensuppe

Zubereitungszeit: 25 Minuten
Portionen:1 Person

Zutaten:

- 200 g Aubergine, gewürfelt
- 200 g Tomaten, gehäutet und gewürfelt
- 1 EL natives Olivenöl extra
- 1 TL Oregano, getrocknet
- 500 ml Histaminikus Gemüsebrühe
- Salz nach Geschmack
- Pfeffer nach Geschmack
- 1 EL frischer Basilikum, gehackt
- 1 EL Knoblauchöl
- 50 g Austernpilze, in dünne Scheiben geschnitten

Zubereitung:

1. In einem Topf das Olivenöl auf mittlerer Hitze erwärmen. Die Auberginenwürfel hinzugeben und für ca. 5 Minuten anbraten, bis sie leicht gebräunt sind.

2. Die Tomatenwürfel und den Oregano dazugeben. Alles gut vermischen und weitere 2 Minuten köcheln lassen.

3. Die Gemüsebrühe hinzufügen und die Suppe zum Kochen bringen. Sobald sie kocht, die Hitze reduzieren und die Suppe für etwa 15 Minuten leise köcheln lassen.

4. In der Zwischenzeit das Knoblauchöl in einer Pfanne erhitzen und die Austernpilzscheiben darin für etwa 3-4 Minuten anbraten, bis sie goldbraun sind.

5. Die Suppe vom Herd nehmen und mit einem Stabmixer pürieren, bis eine glatte Konsistenz erreicht ist. Mit Salz und Pfeffer abschmecken.

6. Die Suppe in einen Teller geben, mit den angebratenen Austernpilzen und frischem Basilikum garnieren. Guten Appetit.

Gurken-Dill-Suppe

Zubereitungszeit: 20 Minuten
Portionen:1 Person

Zutaten:

- 150 g Gurke, geschält und grob gewürfelt
- 1 EL natives Olivenöl extra
- 250 ml Histaminikus Gemüsebrühe
- 1 EL frischer Dill, fein gehackt
- 50 g laktosefreier Joghurt
- 1 TL Bio-Zitronensaft
- Salz nach Geschmack
- Frisch gemahlener Pfeffer nach Geschmack
- Einige Dillzweige zur Garnierung

Zubereitung:

1. Erhitze das Olivenöl in einem Topf bei mittlerer Hitze. Füge die gewürfelten Gurken hinzu und dünste sie für etwa 5 Minuten, bis sie weich werden.

2. Gieße die Histaminikus Gemüsebrühe dazu und bringe die Mischung zum Kochen. Reduziere dann die Hitze und lasse alles für etwa 10 Minuten köcheln.

3. Nimm den Topf vom Herd und lass die Suppe etwas abkühlen. Gib sie dann in einen Mixer und püriere sie, bis eine glatte Konsistenz entsteht.

4. Rühre den frischen Dill, den laktosefreien Joghurt und den Zitronensaft unter die pürierte Suppe. Würze mit Salz und Pfeffer nach Geschmack.

5. Erhitze die Suppe noch einmal leicht, ohne sie zum Kochen zu bringen, um den Joghurt nicht gerinnen zu lassen.

6. Serviere die Suppe warm oder kalt, garniert mit einigen Dillzweigen. Guten Appetit.

Pilz-Risotto-Suppe

Zubereitungszeit: 30 Minuten
Portionen:1 Person

Zutaten:

- 100 g Austernpilze, in Scheiben geschnitten
- 1 EL Knoblauchöl
- 50 g Amaranth, gut gespült und abgetropft
- 250 ml Histaminikus Gemüsebrühe
- 30 g Parmesan, gerieben
- 1 EL natives Olivenöl extra
- Salz nach Geschmack
- Pfeffer nach Geschmack
- 1 EL Petersilie, fein gehackt
- 1/4 TL Muskat, frisch gerieben

Zubereitung:

1. Erhitze das Knoblauchöl in einem Topf bei mittlerer Hitze. Gib die Austernpilze hinzu und brate sie, bis sie weich und leicht gebräunt sind. Entferne die Pilze aus dem Topf und stelle sie beiseite.

2. Im gleichen Topf erhöhe die Hitze etwas und füge den Amaranth hinzu. Röste ihn leicht an, bis er nussig duftet. Gieße dann die Gemüsebrühe dazu und bringe alles zum Kochen.

3. Reduziere die Hitze, sodass die Mischung leicht köchelt. Lasse den Amaranth etwa 20 Minuten garen, bis er weich ist und die Flüssigkeit größtenteils aufgenommen hat.

4. Rühre die gebratenen Pilze, Parmesan und Olivenöl unter das Risotto. Würze mit Salz, Pfeffer und Muskat. Lasse die Suppe für ein paar Minuten ziehen.

5. Schmecke abschließend noch einmal ab. Serviere die Suppe heiß, bestreut mit frischer Petersilie. Guten Appetit.

Quinoa-Gemüsesuppe

Zubereitungszeit: 30 Minuten
Portionen:1 Person

Zutaten:

- 50 g Quinoa, gut gespült und abgetropft
- 200 ml Histaminikus Gemüsebrühe
- 1 EL natives Olivenöl extra
- 50 g Aubergine, gewürfelt
- 50 g Zucchini, gewürfelt
- 30 g Karotten, gewürfelt
- 30 g Tomaten, gewürfelt
- 1 EL frisch gepresster Bio-Orangensaft
- 1 TL frisch gehackte Petersilie
- Salz und Pfeffer nach Geschmack
- 1 TL frisch gehackter Schnittlauch

Zubereitung:

1. In einem mittelgroßen Topf das Olivenöl bei mittlerer Hitze erhitzen. Aubergine, Zucchini und Karotten hinzufügen und für etwa 5 Minuten anbraten, bis sie leicht weich werden.

2. Quinoa und Gemüsebrühe dazugeben. Zum Kochen bringen, dann die Hitze reduzieren und etwa 15 Minuten köcheln lassen, bis der Quinoa weich und die Flüssigkeit größtenteils absorbiert ist.

3. Tomaten und Orangensaft einrühren. Weitere 5 Minuten köcheln lassen. Mit Salz und Pfeffer abschmecken.

4. Die Suppe vom Herd nehmen und in eine Schüssel geben. Mit frisch gehackter Petersilie und Schnittlauch garnieren. Guten Appetit.

Salate

Rote-Linsen-Salat mit Paprika und Zitronendressing

Zubereitungszeit: 20 Minuten
Portionen:1 Person

Zutaten:

- 100 g rote Linsen aus der Dose, gut abgespült
- 1/2 gelbe Paprika, gewürfelt
- 1/2 rote Paprika, gewürfelt
- 2 EL natives Olivenöl extra
- Saft von 1/2 Bio-Zitrone
- 1/2 TL Salz
- 1/4 TL Pfeffer
- 1 EL frisch gehackte Petersilie
- 2 EL Kürbiskerne, geröstet
- 1 EL Chiasamen
- 2 EL frisch geschnittener Schnittlauch

Zubereitung:

1. Setze die roten Linsen in einem kleinen Topf mit Wasser auf und koche sie gemäß der Packungsanleitung, bis sie weich sind. Gieße sie dann ab und lasse sie kurz abkühlen.

2. Während die Linsen abkühlen, nimm eine mittelgroße Schüssel und vermische darin den Saft der Zitrone mit Olivenöl, Salz und Pfeffer. Rühre alles gut um.

3. Gib die gewürfelten Paprikastücke, die abgekühlten roten Linsen und die frisch gehackte Petersilie in die Schüssel. Vermische alles sorgfältig, damit die Linsen und Paprikastücke gleichmäßig mit dem Dressing überzogen sind.

4. Zum Schluss streue die gerösteten Kürbiskerne und Chiasamen über den Salat und garniere ihn mit frischem Schnittlauch. Guten Appetit.

Quinoa-Salat mit Gurken und Tomaten

Zubereitungszeit: 20 Minuten
Portionen:1 Person

Zutaten:

- 50 g Quinoa, gut gespült und abgetropft
- 100 ml Wasser
- 1/2 Gurke, gewürfelt
- 5 Cocktailtomaten, geviertelt
- 1 EL natives Olivenöl extra
- 1 TL Balsamico-Essig
- 1 EL frisch gehackte Petersilie
- Salz und Pfeffer zum Abschmecken
- 1 EL Kürbiskerne, geröstet
- 2 EL frische Endivienblätter, grob gehackt

Zubereitung:

1. Quinoa in einem kleinen Topf mit 100 ml Wasser zum Kochen bringen, dann die Hitze reduzieren und zugedeckt etwa 15 Minuten köcheln lassen, bis das Wasser aufgenommen ist. Vom Herd nehmen und abkühlen lassen.

2. In einer großen Schüssel die abgekühlte Quinoa, Gurkenwürfel, Cocktailtomatenviertel, Endivienblätter und Petersilie vermengen.

3. Olivenöl und Balsamico-Essig in einer kleinen Schüssel verrühren und mit Salz und Pfeffer abschmecken. Das Dressing über den Salat gießen und gut umrühren.

4. Die Kürbiskerne in einer trockenen Pfanne bei mittlerer Hitze einige Minuten rösten, bis sie beginnen zu duften. Über den Salat streuen.

5. Den Salat noch einmal vorsichtig umrühren und nach Bedarf mit Salz und Pfeffer nachwürzen. Guten Appetit.

Spinat-Salat mit Erdbeeren und Pinienkernen

Zubereitungszeit: 15 Minuten
Portionen:1 Person

Zutaten:

- 100 g frischer Spinat, gründlich gewaschen und trocken geschleudert
- 5-6 Erdbeeren, gewaschen und in Scheiben geschnitten
- 1 EL Pinienkerne, leicht geröstet
- 1 EL natives Olivenöl extra
- 1/2 TL Balsamico-Essig
- 1 Prise Salz
- 1 Prise frisch gemahlener schwarzer Pfeffer
- 1 TL gehackte frische Petersilie

Zubereitung:

1. Beginne damit, die Pinienkerne in einer trockenen Pfanne bei mittlerer Hitze zu rösten. Rühre sie ständig um, damit sie gleichmäßig bräunen und nicht anbrennen. Sobald sie goldbraun sind, nimm sie vom Herd und lass sie abkühlen.

2. In einer großen Schüssel vermischt du den frischen Spinat mit den in Scheiben geschnittenen Erdbeeren. Gib die gerösteten Pinienkerne dazu.

3. In einer kleinen Schüssel verrührst du Olivenöl und Balsamico-Essig zu einem Dressing. Würze es mit einer Prise Salz und frisch gemahlenem schwarzen Pfeffer.

4. Gieße das Dressing über den Salat und mische alles gut durch, sodass der Spinat und die Erdbeeren gleichmäßig mit dem Dressing bedeckt sind.

5. Streue zum Schluss die gehackte Petersilie über den Salat. Guten Appetit.

Brokkolisalat mit Karotten und Dressing

Zubereitungszeit: 20 Minuten
Portionen:1 Person

Zutaten:

- 100 g Brokkoli, in kleine Röschen geschnitten
- 1 mittelgroße Karotte, geschält und in dünne Streifen geschnitten
- 30 g Austernpilze, fein geschnitten
- 2 EL Kichererbsen aus der Dose, gut abgespült
- 1 EL natives Olivenöl extra
- 1 TL Balsamico-Essig
- 1 TL Ahornsirup
- Eine Prise Salz
- Eine Prise Pfeffer
- 1 TL frisch gehackter Petersilie
- 1 TL frisch gehackter Schnittlauch

Zubereitung:

1. Beginne damit, die Brokkoliröschen in einem Topf mit leicht gesalzenem Wasser für etwa 3-4 Minuten zu blanchieren. Sie sollten noch bissfest sein. Gieße sie ab und spüle sie unter kaltem Wasser, um den Garprozess zu stoppen.

2. Während der Brokkoli abkühlt, erhitze das Olivenöl in einer Pfanne auf mittlerer Stufe. Gib die Austernpilze hinzu und brate sie für etwa 5 Minuten, bis sie leicht gebräunt sind. Füge die Karottenstreifen hinzu und brate alles zusammen für weitere 3 Minuten. Achte darauf, dass die Karotten noch etwas knackig bleiben.

3. In einer kleinen Schüssel verrühre den Balsamico-Essig, Ahornsirup, Salz und Pfeffer, um das Dressing herzustellen. Stelle sicher, dass es gut gemischt ist.

4. Gib den blanchierten Brokkoli, die gebratenen Austernpilze und Karottenstreifen in eine große Schüssel. Füge die Kichererbsen hinzu.

5. Gieße das Dressing über den Salat und vermische alles sorgfältig, sodass die Zutaten gleichmäßig mit dem Dressing überzogen sind.

6. Streue die frisch gehackte Petersilie und den Schnittlauch über den Salat. Guten Appetit.

Bunter Paprika-Salat mit Limettendressing

Zubereitungszeit: 15 Minuten
Portionen:1 Person

Zutaten:

- 1 rote Paprika, gewürfelt
- 1 gelbe Paprika, gewürfelt
- 50 g Endivie, grob geschnitten
- 30 g Austernpilze, in dünne Scheiben geschnitten
- 1 EL natives Olivenöl extra
- 1 TL Knoblauchöl
- Saft von 1 Bio-Limette
- 1 TL Ahornsirup
- 1 EL gehackte Petersilie
- Salz und Pfeffer nach Geschmack
- Ein paar Blätter frische Minze zur Garnierung

Zubereitung:

1. Erhitze das Olivenöl in einer Pfanne über mittlerer Hitze. Gib die Austernpilze hinzu und brate sie, bis sie leicht gebräunt sind. Dies wird etwa 3-4 Minuten dauern. Nimm sie dann aus der Pfanne und lass sie abkühlen.

2. In einer großen Schüssel vermische die gewürfelte rote und gelbe Paprika mit der grob geschnittenen Endivie.

3. In einer kleinen Schüssel bereite das Dressing vor, indem du den Limettensaft, Knoblauchöl, Ahornsirup, gehackte Petersilie, Salz und Pfeffer gründlich vermengst.

4. Gib die abgekühlten Austernpilze zu den Paprika und Endivie in die große Schüssel. Gieße das Dressing darüber und mische alles gut durch, damit die Zutaten gleichmäßig vom Dressing umhüllt werden.

5. Richte den Salat auf einem Teller an und garniere ihn mit ein paar Blättern frischer Minze. Guten Appetit.

Endiviensalat mit Orangen

Zubereitungszeit: 15 Minuten
Portionen:1 Person

Zutaten:

- 1 Handvoll Endivien, grob gehackt
- 1 Bio-Orange, in Filets geschnitten
- 50 g Zucchini, in dünne Scheiben geschnitten
- 1 EL natives Olivenöl extra
- 1 TL Balsamico-Essig
- Eine Prise Salz
- Eine Prise Pfeffer
- 1 TL Ahornsirup
- 2 EL Kürbiskerne, leicht geröstet

Zubereitung:

1. Wasche die Endivien gründlich und hacke sie grob. Lege sie in eine Salatschüssel.

2. Schäle die Orange sorgfältig, um die weiße Haut zu entfernen, und schneide sie in Filets. Füge die Orange-Filets zum Endiviensalat hinzu.

3. Nimm die Zucchinischeiben und brate sie in einer heißen Pfanne mit ein wenig Olivenöl bei mittlerer Hitze für etwa 2-3 Minuten, bis sie leicht gebräunt sind. Gib sie dann über den Salat.

4. Für das Dressing vermische in einer kleinen Schüssel das Olivenöl, den Balsamico-Essig, Salz, Pfeffer und Ahornsirup. Gieße das Dressing über den Salat und vermische alles gut.

5. Bestreue den Salat zuletzt mit den leicht gerösteten Kürbiskernen. Guten Appetit.

Gemischter Salat mit gebackenem Kürbis

Zubereitungszeit: 30 Minuten
Portionen:1 Person

Zutaten:

- 150 g Hokkaido Kürbis, gewürfelt
- 1 EL natives Olivenöl extra
- 1/2 TL Paprikapulver
- Salz und Pfeffer nach Geschmack
- 50 g Endivie, grob gehackt
- 50 g Spinat, grob gehackt
- 1 kleine Karotte, in dünne Streifen geschnitten
- 2 EL Kürbiskerne
- 1 EL Balsamico-Essig
- 2 EL laktosefreier Joghurt
- 1 TL Senf
- 1 TL Ahornsirup
- 1 EL frisch gepresster Bio-Orangensaft

Zubereitung:

1. Heize den Ofen auf 200 Grad vor. Vermische die Kürbiswürfel mit Olivenöl, Paprikapulver, Salz und Pfeffer. Breite sie auf einem Backblech aus und backe sie für 20 Minuten, bis sie weich und leicht karamellisiert sind.

2. Während der Kürbis backt, bereite den Salat vor. Mische Endivie, Spinat und Karottenstreifen in einer großen Schüssel.

3. Für das Dressing vermische Balsamico-Essig, Joghurt, Senf, Ahornsirup und Orangensaft in einer kleinen Schüssel. Schmecke es mit Salz und Pfeffer ab.

4. Sobald der Kürbis fertig gebacken ist, lass ihn kurz abkühlen. Gib dann den Kürbis und die Kürbiskerne zum Salat.

5. Gieße das Dressing über den Salat und vermische alles gut, sodass der Salat gleichmäßig mit dem Dressing bedeckt ist. Guten Appetit.

Erdbeeren-Salat mit Minze

Zubereitungszeit: 20 Minuten
Portionen:1 Person

Zutaten:

- 100 g Erdbeeren, geviertelt
- 50 g Endivie, grob gehackt
- 50 g Gurke, entkernt und in dünne Scheiben geschnitten
- 10 g frische Minze, fein gehackt
- 1 EL natives Olivenöl extra
- 1 TL Balsamico-Essig
- 1 TL Ahornsirup
- 1 EL Kürbiskerne, leicht geröstet
- 50 g Hüttenkäse
- Salz nach Geschmack
- Pfeffer nach Geschmack

Zubereitung:

1. Vermische in einer großen Schüssel die geviertelten Erdbeeren mit der grob gehackten Endivie und den in dünne Scheiben geschnittenen Gurken.

2. Für das Dressing verrühre Olivenöl, Balsamico-Essig und Ahornsirup in einer kleinen Schüssel. Füge die fein gehackte Minze hinzu und rühre alles gut um, bis eine homogene Mischung entsteht.

3. Gib das Dressing über die Salatmischung und hebe alles vorsichtig unter, damit die Zutaten gleichmäßig mit dem Dressing bedeckt sind.

4. Richte den Salat auf einem Teller an. Verteile den Hüttenkäse darüber und bestreue ihn mit den leicht gerösteten Kürbiskernen.

5. Würze den Salat mit Salz und Pfeffer nach deinem Geschmack und vermische ihn zum Schluss noch einmal leicht. Guten Appetit.

Grünkohl-Salat

Zubereitungszeit: 20 Minuten
Portionen:1 Person

Zutaten:

- 100 g Grünkohl, frisch und in dünne Streifen geschnitten
- 1/2 Bio-Orange, in Stücke geschnitten
- 1/4 Gurke, entkernt und in dünne Scheiben geschnitten
- 50 g Karotten, in dünne Scheiben geschnitten
- 50 g gelbe oder rote Paprika, in dünne Streifen geschnitten
- 1 EL natives Olivenöl extra
- 1 TL Balsamico-Essig
- Salz und Pfeffer nach Geschmack
- 1 EL Kürbiskerne
- 1 EL frische Petersilie, fein gehackt

Zubereitung:

1. Wasche den Grünkohl gründlich, schüttle das Wasser ab und schneide ihn in dünne Streifen. Lege den Grünkohl in eine Salatschüssel.

2. Wasche die Orange und Gurke. Schäle die Orange, entferne die weiße Haut so gut es geht und teile sie in Stücke. Halbiere die Gurke längs, entferne mit einem Löffel die Kerne und schneide sie in dünne Scheiben. Gib beides zum Grünkohl.

3. Wasche die Karotten und Paprika. Schneide die Karotten in dünne Scheiben und die Paprika in dünne Streifen. Füge sie ebenfalls zum Salat hinzu.

4. Vermische in einer kleinen Schüssel Olivenöl und Balsamico-Essig zu einem Dressing. Würze es mit Salz und Pfeffer nach deinem Geschmack.

5. Gieße das Dressing über den Salat und vermische alles sorgfältig, damit der Grünkohl und die anderen Zutaten gleichmäßig mit dem Dressing überzogen sind.

6. Röste die Kürbiskerne in einer Pfanne ohne Fett, bis sie beginnen zu duften. Achte darauf, dass sie nicht anbrennen.

7. Streue die gerösteten Kürbiskerne und die gehackte Petersilie über den Salat. Guten Appetit.

Tomaten-Mozzarella-Salat mit Basilikum

Zubereitungszeit: 15 Minuten
Portionen:1 Person

Zutaten:

- 2 mittelgroße Tomaten, gewürfelt
- 60 g laktosefreier Mozzarella, gewürfelt
- 1 EL natives Olivenöl extra
- 1 EL Balsamico-Essig
- 1/4 TL Salz
- 1/4 TL Pfeffer
- 5 Basilikumblätter, grob zerrissen
- 1/4 TL getrockneter Oregano
- 1 TL gehackter frischer Schnittlauch

Zubereitung:

1. In einer mittelgroßen Schüssel die gewürfelten Tomaten und Mozzarella hinzufügen.

2. Olivenöl und Balsamico-Essig über die Tomaten und Mozzarella gießen. Mit Salz und Pfeffer würzen.

3. Die Basilikumblätter, den getrockneten Oregano und den frischen Schnittlauch hinzufügen.

4. Alles vorsichtig vermischen, ohne dass der Mozzarella und die Tomaten zerdrückt werden.

5. Lasse den Salat für etwa 5 Minuten stehen.

6. Vor dem Servieren nochmals leicht umrühren, um sicherzustellen, dass alles gut vermengt ist. Guten Appetit.

Gurken-Melonen-Salat mit Minzjoghurt

Zubereitungszeit: 15 Minuten
Portionen:1 Person

Zutaten:

- 150 g Cantaloupe-Melone, in Würfel geschnitten
- 100 g Gurke, entkernt und in Scheiben geschnitten
- 1 EL frische Minze, fein gehackt
- 100 g laktosefreier Joghurt
- 1 TL natives Olivenöl extra
- 1 TL Bio-Zitronensaft, frisch gepresst
- 1/4 TL Salz
- 1/4 TL Pfeffer
- 1 TL Ahornsirup
- Einige Blätter frische Minze zur Garnierung

Zubereitung:

1. Beginne damit, die Melone und die Gurke vorzubereiten. Schneide die Melone in mundgerechte Würfel und die Gurke in dünne Scheiben, nachdem du sie entkernt hast.

2. In einer kleinen Schüssel vermische den Joghurt mit dem Olivenöl, Zitronensaft, Salz, Pfeffer und Ahornsirup. Rühre alles gut um, bis ein gleichmäßiges Dressing entsteht. Füge die fein gehackte Minze hinzu und rühre erneut.

3. In einer Servierschüssel verteile zuerst die Gurkenscheiben und dann die Melonenwürfel. Gieße das Minzjoghurt-Dressing gleichmäßig über den Salat.

4. Garniere den Salat mit einigen frischen Minzblättern. Guten Appetit.

Karotten-Sprossen-Salat mit Sesamdressing

Zubereitungszeit: 15 Minuten
Portionen:1 Person

Zutaten:

- 100 g Karotten, geschält und in dünne Streifen geschnitten
- 50 g Alfalfa-Sprossen
- 30 g Bohnensprossen
- 2 EL Kürbiskerne, leicht geröstet
- 1 EL Sesamöl
- 1 EL Tamari Sojasauce
- 1 TL Ahornsirup
- 1 TL Bio-Zitronensaft, frisch gepresst
- Eine Prise Salz
- Eine Prise frisch gemahlener schwarzer Pfeffer
- Frische Kräuter nach Wahl (z.B. Petersilie oder Koriander), gehackt

Zubereitung:

1. Beginne damit, die Karottenstreifen, Alfalfa-Sprossen und Bohnensprossen in einer großen Schüssel zu vermischen.

2. Für das Dressing mische in einer kleinen Schüssel das Sesamöl, Tamari Sojasauce, Ahornsirup und Zitronensaft. Würze mit einer Prise Salz und frisch gemahlenem schwarzen Pfeffer. Rühre gut um, bis alle Zutaten vollständig vermengt sind.

3. Gieße das Dressing über den Salat und vermische alles sorgfältig, sodass das Dressing gleichmäßig verteilt ist.

4. Lasse den Salat für etwa 5 Minuten stehen.

5. Kurz vor dem Servieren, streue die gerösteten Kürbiskerne und die frischen Kräuter über den Salat.

6. Richte den Salat auf einem Teller an. Guten Appetit.

Kichererbsen-Salat

Zubereitungszeit: 15 Minuten
Portionen:1 Person

Zutaten:

- 100 g Kichererbsen aus der Dose, gut abgespült
- 80 g frischer Blattspinat, grob gehackt
- 50 g Feta, gewürfelt
- 1 EL natives Olivenöl extra
- 1 EL Balsamico-Essig
- 1/2 TL Senf
- 1/4 TL Paprikapulver
- Salz und Pfeffer nach Geschmack
- Einige frische Basilikumblätter, fein geschnitten
- 2 EL gehackte rote Paprika (gelb oder rot)
- 1 EL geröstete Kürbiskerne

Zubereitung:

1. Beginne damit, die Kichererbsen in einem Sieb unter fließendem Wasser gründlich abzuspülen. Lass sie dann abtropfen, um überschüssiges Wasser zu entfernen.

2. In einer großen Schüssel vermische den frischen Blattspinat, die abgetropften Kichererbsen und den gewürfelten Fetakäse.

3. In einer kleinen Schüssel bereitest du das Dressing vor. Vermische dafür das Olivenöl, den Balsamico-Essig und den Senf. Füge das Paprikapulver hinzu und würze mit Salz und Pfeffer nach deinem Geschmack. Rühre alles gut um, bis eine homogene Sauce entsteht.

4. Gieße das Dressing über den Salat und vermische alles vorsichtig, damit der Spinat und die Kichererbsen gut mit dem Dressing überzogen sind.

5. Füge die gehackte rote Paprika und die frischen Basilikumblätter hinzu und vermische erneut sanft.

6. Zum Schluss streue die gerösteten Kürbiskerne über den Salat.

7. Richte den Salat auf einem Teller an. Guten Appetit.

Spinat-Orangen-Salat

Zubereitungszeit: 20 Minuten
Portionen:1 Person

Zutaten:

- 100 g frischer Spinat, gründlich gewaschen
- 1 Bio-Orange, in Filets geschnitten
- 1 EL Pinienkerne, leicht geröstet
- 1 EL natives Olivenöl extra
- 1 TL Balsamico-Essig
- 1 Prise Salz
- 1 Prise Pfeffer
- 1 TL Ahornsirup
- 1 EL frisch gepresster Bio-Orangensaft
- 2 EL Feta, zerbröselt
- 50 g frische Erdbeeren, halbiert
- 1 EL frisch gehackter Schnittlauch

Zubereitung:

1. Beginne mit dem Rösten der Pinienkerne in einer Pfanne ohne Öl bei mittlerer Hitze, bis sie goldbraun sind. Bewege sie ständig, damit sie nicht anbrennen. Lass sie danach abkühlen.

2. Schneide die Enden der Orange ab, sodass sie auf einer flachen Seite stehen kann. Entferne mit einem scharfen Messer die Schale samt der weißen Haut und schneide die Filets heraus. Fang den Saft auf für das Dressing.

3. Für das Dressing verquirle Olivenöl, Balsamico-Essig, Ahornsirup, den aufgefangenen Orangensaft, Salz und Pfeffer in einer kleinen Schüssel.

4. Vermenge den gewaschenen Spinat in einer großen Schüssel vorsichtig mit dem Dressing.

5. Füge die Orangenfilets, halbierten Erdbeeren, zerbröselten Feta und die gerösteten Pinienkerne hinzu. Vermische alles behutsam.

6. Streue den frisch gehackten Schnittlauch über den Salat. Guten Appetit.

Auberginen-Salat mit Blaubeeren

Zubereitungszeit: 20 Minuten
Portionen:1 Person

Zutaten:

- 1 kleine Aubergine (ca. 150 g), in Würfel geschnitten
- 1 EL natives Olivenöl extra
- 1/4 TL Salz
- 1/4 TL Pfeffer
- 50 g Blaubeeren
- 30 g Spinat, gewaschen und trocken geschüttelt
- 2 EL gehackte Petersilie
- 1 EL Balsamico-Essig
- 2 EL natives Olivenöl extra für das Dressing
- 1 TL Ahornsirup
- 1 EL geröstete Kürbiskerne

Zubereitung:

1. Heize den Ofen auf 200 Grad vor. Vermische die Auberginenwürfel mit 1 EL Olivenöl, Salz und Pfeffer. Breite sie auf einem Backblech aus und röste sie für 15 Minuten, bis sie weich und leicht gebräunt sind. Lass sie anschließend etwas abkühlen.

2. In der Zwischenzeit bereite das Dressing vor, indem du Balsamico-Essig, 2 EL Olivenöl und Ahornsirup in einer kleinen Schüssel gut verrührst. Stelle es beiseite.

3. In einer großen Schüssel vermische den Spinat, die abgekühlten Auberginenwürfel, die Blaubeeren und die gehackte Petersilie. Gib das Dressing über den Salat und mische alles gut durch, sodass der Salat gleichmäßig damit überzogen ist.

4. Zum Schluss streue die gerösteten Kürbiskerne über den Salat. Guten Appetit.

Snacks

Scharfe Kürbiskerne

Zubereitungszeit: 15 Minuten
Portionen:1 Person

Zutaten:

- 50 g Kürbiskerne, ungesalzen
- 1/2 TL natives Olivenöl extra
- 1/2 TL Paprikapulver, scharf
- 1/4 TL Kurkuma
- 1 Prise Salz
- 1 Prise frisch gemahlener Pfeffer
- 1/4 TL getrockneter Rosmarin, fein gehackt

Zubereitung:

1. Heize den Ofen auf 180 Grad vor. In der Zwischenzeit gib die Kürbiskerne in eine mittelgroße Schüssel.

2. Füge das Olivenöl zu den Kürbiskernen hinzu und vermische es gründlich, sodass alle Kerne leicht mit dem Öl bedeckt sind.

3. Streue Paprikapulver, Kurkuma, Salz, Pfeffer und den fein gehackten Rosmarin über die ölbedeckten Kürbiskerne. Vermische alles gut, damit die Gewürze gleichmäßig verteilt sind.

4. Breite die gewürzten Kürbiskerne auf einem mit Backpapier ausgelegten Backblech aus. Achte darauf, dass sie in einer einzigen Schicht liegen, um eine gleichmäßige Röstung zu gewährleisten.

5. Röste die Kürbiskerne im vorgeheizten Ofen für etwa 10 Minuten oder bis sie goldbraun sind. Halte ein Auge darauf, um sicherzustellen, dass sie nicht verbrennen.

6. Nimm die gerösteten Kürbiskerne aus dem Ofen und lass sie vor dem Verzehr vollständig abkühlen. Guten Appetit.

Zucchininudeln mit Pesto

Zubereitungszeit: 20 Minuten
Portionen:1 Person

Zutaten:

- 1 mittelgroße Zucchini, in Nudeln geschnitten
- 1 EL natives Olivenöl extra
- 50 g Austernpilze, grob gehackt
- 30 g Spinat, grob gehackt
- 10 g Parmesan, fein gerieben
- 2 EL Basilikum, gehackt
- 1 EL Pinienkerne, leicht geröstet
- 1 EL natives Olivenöl extra
- 1 EL Knoblauchöl
- Salz und Pfeffer nach Geschmack

Zubereitung:

1. Beginne damit, die Zucchini mit einem Spiralschneider in Nudeln zu schneiden. Falls du keinen Spiralschneider hast, kannst du auch einen Sparschäler verwenden, um dünne Zucchinistreifen zu erhalten.

2. Erhitze 1 EL Olivenöl in einer Pfanne auf mittlerer Stufe. Gib die Austernpilze hinzu und brate sie für etwa 5 Minuten, bis sie weich und leicht gebräunt sind. Nimm die Pilze aus der Pfanne und lege sie beiseite.

3. In derselben Pfanne gibst du die Zucchininudeln hinzu und brätst sie für 2-3 Minuten an, bis sie leicht weich sind, aber noch Biss haben. Achte darauf, sie nicht zu lange zu kochen, damit sie nicht matschig werden.

4. Während die Zucchininudeln braten, bereitest du das Pesto zu. In einem Mörser oder kleinen Mixer vermischt du den frischen Spinat, Basilikum, Parmesan, Pinienkerne, Olivenöl und das Knoblauchöl. Zerstoße oder mixe die Zutaten zu einer groben Paste. Schmecke mit Salz und Pfeffer ab.

5. Gib das Pesto zu den Zucchininudeln in die Pfanne. Vermische alles gut, sodass die Nudeln gleichmäßig mit dem Pesto bedeckt sind. Füge die gebratenen Austernpilze hinzu und werfe alles nochmals vorsichtig um.

6. Alles auf einem Teller anrichten. Bei Bedarf noch etwas Basilikum und geriebenen Parmesan darüberstreuen. Guten Appetit.

Paprika-Boote mit Quinoa-Füllung

Zubereitungszeit: 30 Minuten
Portionen:1 Person

Zutaten:

- 1 rote Paprika, halbiert und entkernt
- 50 g Quinoa, gut gespült und abgetropft
- 100 ml Histaminikus Gemüsebrühe
- 1 EL natives Olivenöl extra
- 30 g Austernpilze, fein geschnitten
- 30 g Spinat, grob gehackt
- 1 EL Petersilie, fein gehackt
- 1/4 TL Salz
- 1/4 TL Paprikapulver
- 1 Prise Pfeffer
- 30 g laktosefreier Joghurt zum Garnieren
- Frische Kräuter zum Garnieren (z.B. Petersilie oder Schnittlauch)

Zubereitung:

1. Heize den Ofen auf 200 Grad vor. Lege die Paprikahälften auf ein mit Backpapier ausgelegtes Backblech und bestreiche sie leicht mit einem Teil des Olivenöls. Röste sie für etwa 15-20 Minuten im Ofen, bis sie weich sind, aber noch ihre Form behalten.

2. Währenddessen koche die Quinoa in einem kleinen Topf mit der Gemüsebrühe, bis sie weich und die Flüssigkeit vollständig absorbiert ist.

3. In einer Pfanne das restliche Olivenöl erhitzen. Füge die Austernpilze hinzu und brate sie unter gelegentlichem Rühren für 3-4 Minuten, bis sie weich sind. Gib dann den Spinat dazu und lass ihn zusammenfallen.

4. Vermische die gekochte Quinoa und die Pilz-Spinat-Mischung in einer Schüssel. Füge Petersilie, Salz, Paprikapulver und Pfeffer hinzu und mische alles gut durch.

5. Verteile die Quinoa-Mischung gleichmäßig auf den gerösteten Paprikahälften. Garniere sie mit laktosefreiem Joghurt und frischen Kräutern. Guten Appetit.

Erdnussbutter-Himbeer-Riegel

Zubereitungszeit: 20 Minuten
Portionen:1 Person

Zutaten:

- 100 g Erdnüsse, ungesalzen und geröstet
- 2 EL Erdnussbutter, naturbelassen und ohne Zusätze
- 1 EL Ahornsirup
- 100 g frische Himbeeren
- 2 EL Chiasamen
- 50 g dunkle Schokolade (mind. 70% Kakaoanteil)
- 1 TL natives Olivenöl extra

Zubereitung:

1. Die Erdnüsse in einen leistungsstarken Mixer geben und pulsieren, bis sie grob gehackt sind.

2. Erdnussbutter und Ahornsirup in einer mittelgroßen Schüssel vermischen. Die gehackten Erdnüsse hinzufügen und gut umrühren, bis alles gleichmäßig vermischt ist.

3. Die Himbeeren vorsichtig unter die Erdnussmischung heben, darauf achten, dass einige Himbeeren ganz bleiben.

4. Die Mischung in eine mit Backpapier ausgelegte quadratische Form drücken. Für eine gleichmäßige Schicht einen Löffel oder die Rückseite eines Glases verwenden.

5. In einem kleinen Topf die Schokolade zusammen mit dem Olivenöl bei niedriger Hitze schmelzen, dabei ständig rühren, um ein Anbrennen zu verhindern.

6. Die geschmolzene Schokolade gleichmäßig über die Erdnuss-Himbeer-Schicht verteilen. Die Chiasamen darüber streuen.

7. Für mindestens 1 Stunde in den Kühlschrank stellen, bis die Schokolade fest ist.

8. Nach dem Festwerden in Riegel schneiden. Guten Appetit.

Kokosjoghurt mit Beerenkompott

Zubereitungszeit: 20 Minuten
Portionen:1 Person

Zutaten:

- 150 g Kokosjoghurt
- 100 g Erdbeeren, gewaschen und geviertelt
- 50 g Himbeeren, gewaschen
- 50 g Heidelbeeren, gewaschen

- 1 EL Ahornsirup
- 1 Prise Muskat
- 1 TL Chiasamen
- Einige Minzblätter für die Garnierung

Zubereitung:

1. In einem kleinen Topf die Erdbeeren, Himbeeren und Heidelbeeren bei mittlerer Hitze erwärmen. Sobald die Beeren anfangen zu zerfallen, füge den Ahornsirup und eine Prise Muskat hinzu. Rühre um und lasse es für etwa 5 Minuten köcheln, bis ein dickes Kompott entsteht. Nimm den Topf vom Herd und lass das Kompott ein wenig abkühlen.

2. Während das Kompott abkühlt, nimm eine Schüssel und fülle den Kokosjoghurt hinein. Rühre den Joghurt glatt.

3. Gib die Chiasamen in den Kokosjoghurt und rühre gut um. Lass die Mischung für etwa 5 Minuten stehen, damit die Chiasamen quellen können und dem Joghurt eine leicht dickere Konsistenz verleihen.

4. Sobald das Beerenkompott abgekühlt ist, schichte es vorsichtig über den Kokosjoghurt in der Schüssel.

5. Garniere es zum Schluss mit frischen Minzblättern. Guten Appetit.

Reiskuchen mit Erdnussbutter

Zubereitungszeit: 20 Minuten
Portionen:1 Person

Zutaten:

- 50 g Reismehl
- 1 Bio-Ei Größe M
- 30 g Erdnüsse, grob gehackt
- 2 EL Erdnussbutter, naturbelassen und ohne Zusätze
- 1 TL Ahornsirup
- 50 ml Reismilch, ungesüßt
- 1/2 TL Backpulver
- 1 Prise Salz
- Natives Olivenöl extra für die Form

Zubereitung:

1. Heize deinen Backofen auf 180 Grad vor und fette eine kleine Backform leicht mit Olivenöl ein.

2. In einer Schüssel das Reismehl mit dem Backpulver und der Prise Salz mischen.

3. In einer anderen Schüssel das Ei aufschlagen und leicht verquirlen. Erdnussbutter, Ahornsirup und Reismilch hinzufügen und alles gut verrühren, bis eine homogene Masse entsteht.

4. Die trockenen Zutaten zu den feuchten geben und alles zu einem glatten Teig rühren. Die gehackten Erdnüsse unterheben.

5. Den Teig in die vorbereitete Form geben und glatt streichen.

6. Den Kuchen im vorgeheizten Backofen für etwa 15 Minuten backen, oder bis ein Zahnstocher sauber herauskommt.

7. Lass den Kuchen für ein paar Minuten in der Form abkühlen, bevor du ihn auf ein Gitter legst. Guten Appetit.

Auberginenröllchen

Zubereitungszeit: 30 Minuten
Portionen:1 Person

Zutaten:

- 1 mittelgroße Aubergine, in 0,5 cm dicke Längsscheiben geschnitten
- 100 g frischer Spinat, grob gehackt
- 100 g Ricotta
- 1 EL natives Olivenöl extra
- 1 TL getrockneter Basilikum
- Salz und Pfeffer nach Geschmack
- 1 EL geriebener Parmesan
- 1 EL Pinienkerne, leicht geröstet

Zubereitung:

1. Heize deinen Ofen auf 200 Grad vor. Lege die Auberginenscheiben auf ein mit Backpapier ausgelegtes Backblech, bestreiche sie leicht mit Olivenöl und würze sie mit Salz und Pfeffer. Backe sie für etwa 10-15 Minuten, bis sie weich und leicht gebräunt sind.

2. Während die Auberginen im Ofen sind, erhitze ein wenig Olivenöl in einer Pfanne über mittlerer Hitze. Gib den Spinat hinzu und dünste ihn, bis er zusammenfällt. Das dauert etwa 2-3 Minuten. Nimm den Spinat vom Herd und lasse ihn etwas abkühlen.

3. In einer kleinen Schüssel mische den Ricotta mit dem abgekühlten Spinat, dem Basilikum, Salz und Pfeffer. Rühre alles gut durch, bis eine homogene Masse entsteht.

4. Nimm die Auberginenscheiben aus dem Ofen und lasse sie kurz abkühlen. Lege dann auf jedes Scheibchen eine Portion der Spinat-Ricotta-Mischung. Rolle die Scheiben vorsichtig auf.

5. Lege die Auberginenröllchen mit der Nahtseite nach unten in eine Auflaufform. Bestreue sie mit dem geriebenen Parmesan und den gerösteten Pinienkernen.

6. Backe die Röllchen weitere 10 Minuten im Ofen, bis der Käse goldbraun ist. Guten Appetit.

Tomaten-Basilikum-Bruschetta auf Brot

Zubereitungszeit: 15 Minuten

Portionen:1 Person

Zutaten:

- 2 Scheiben glutenfreies Brot
- 1 mittelgroße Tomate, gewürfelt
- 4-5 Blätter frischer Basilikum, fein gehackt
- 1 EL natives Olivenöl extra
- 1 TL Balsamico-Essig
- Salz und Pfeffer nach Geschmack
- 1 TL frisch geriebener Parmesan

Zubereitung:

1. Toaste die Brotscheiben in einem Toaster, bis sie knusprig sind.

2. In einer kleinen Schüssel die gewürfelten Tomaten, gehackten Basilikum, Olivenöl und Balsamico-Essig vermischen. Mit Salz und Pfeffer abschmecken.

3. Verteile die Tomaten-Basilikum-Mischung gleichmäßig auf den getoasteten Brotscheiben.

4. Wenn du möchtest, streue etwas frisch geriebenen Parmesan über die Bruschetta. Guten Appetit.

Fruchtspieße mit dunkler Schokolade

Zubereitungszeit: 20 Minuten
Portionen:4 Spieße

Zutaten:

- 100 g dunkle Schokolade (mind. 70% Kakaoanteil)
- 8 Erdbeeren, gewaschen und halbiert
- 1 Kiwi, geschält und in Würfel geschnitten
- 8 Himbeeren
- 8 Blaubeeren
- 4 Holzspieße

Zubereitung:

1. Breche die dunkle Schokolade in kleine Stücke und schmelze sie vorsichtig in einem Wasserbad oder in der Mikrowelle. Achte darauf, dass sie nicht zu heiß wird.

2. Während die Schokolade schmilzt, bereite die Früchte vor. Stelle sicher, dass die Erdbeeren, Kiwi, Himbeeren und Blaubeeren gewaschen und entsprechend vorbereitet sind.

3. Fädle abwechselnd die Fruchtstücke auf die Holzspieße. Beginne mit einer Erdbeerhälfte, gefolgt von einem Kiwistück, dann einer Himbeere und zum Schluss einer Blaubeere. Wiederhole den Vorgang, bis der Spieß bunt gefüllt ist.

4. Sobald die Schokolade geschmolzen ist, halte die Fruchtspieße über die Schüssel und träufle mit einem kleinen Löffel die geschmolzene Schokolade über die Früchte. Du kannst die Spieße auch direkt in die Schokolade tauchen, um eine dickere Schokoladenschicht zu bekommen.

5. Lege die schokoladenüberzogenen Spieße auf ein mit Backpapier ausgelegtes Tablett. Lasse die Schokolade an einem kühlen Ort fest werden.

6. Sobald die Schokolade hart geworden ist, sind deine Fruchtspieße fertig. Guten Appetit.

Gemüsesticks mit Käse-Dip

Zubereitungszeit: 20 Minuten
Portionen:1 Person

Zutaten:

- **Für die Gemüsesticks:**
- 1 kleine Karotte, in Sticks geschnitten
- 1/4 Gurke, in Sticks geschnitten
- 5 Stücke Hokkaido Kürbis, in dünne Scheiben geschnitten
- 1/2 rote Paprika, in Sticks geschnitten

- **Für den Käse-Dip:**
- 50 g Hartkäse (z.B. Cheddar), fein gerieben
- 100 ml laktosefreie Milch
- 1 TL Maisstärke
- 1 TL natives Olivenöl extra
- Eine Prise Muskat
- Salz und Pfeffer nach Geschmack

Zubereitung:

1. Beginne mit den Gemüsesticks. Wasche das Gemüse gründlich und schneide es in Sticks bzw. dünne Scheiben. Lege sie beiseite auf einen Teller.

2. Für den Käse-Dip gibst du die Milch in einen kleinen Topf. Rühre die Maisstärke in einem kleinen Becher mit ein wenig kalter Milch glatt und füge diese Mischung dann zu der Milch im Topf hinzu. Erhitze die Milch auf mittlerer Stufe und rühre stetig, um Klümpchen zu vermeiden.

3. Wenn die Milch anfängt zu verdicken, reduziere die Hitze und füge den geriebenen Hartkäse hinzu. Rühre weiter, bis der Käse vollständig geschmolzen ist und eine gleichmäßige, cremige Masse entsteht.

4. Mische nun das Olivenöl unter und würze den Dip mit einer Prise Muskat, Salz und Pfeffer. Rühre alles gut durch, bis der Dip eine geschmeidige Konsistenz hat.

5. Richte die Gemüsesticks auf einem Teller an und serviere den warmen Käse-Dip in einem kleinen Schälchen dazu. Guten Appetit.

Beilagen

Geröstete Kürbisspalten

Zubereitungszeit: 30 Minuten
Portionen:1 Person

Zutaten:

- 200 g Hokkaido Kürbis, in Spalten geschnitten
- 1 EL natives Olivenöl extra
- 1 TL getrockneter Rosmarin
- 1/4 TL Salz
- 1/4 TL Pfeffer
- 2 EL Kürbiskerne
- 1 EL frisch gepresster Bio-Orangensaft
- Einige Blätter frischer Spinat zur Garnierung

Zubereitung:

1. Heize deinen Ofen auf 200 Grad vor. Während der Ofen vorheizt, schneide den Hokkaido Kürbis in Spalten. Die Schale kannst du dranlassen, denn sie ist essbar und wird beim Rösten knusprig.

2. Lege die Kürbisspalten auf ein mit Backpapier ausgelegtes Backblech. Gib das Olivenöl, den Rosmarin, Salz und Pfeffer darüber. Vermische alles direkt auf dem Backblech, sodass die Kürbisspalten gleichmäßig gewürzt sind.

3. Röste die Kürbisspalten im Ofen für etwa 20-25 Minuten, bis sie goldbraun und weich sind. Die genaue Zeit kann je nach Dicke der Spalten variieren, also behalte sie im Auge.

4. Während der Kürbis röstet, röste die Kürbiskerne in einer trockenen Pfanne auf mittlerer Hitze für 3-4 Minuten, bis sie anfangen zu duften. Achte darauf, sie nicht anzubrennen.

5. Sobald der Kürbis fertig ist, lege die Spalten auf einen Teller. Träufle den frisch gepressten Orangensaft darüber und bestreue alles mit den gerösteten Kürbiskernen. Garniere es zum Schlussmit einigen frischen Spinatblättern. Guten Appetit.

Gebratene grüne Bohnen mit Sojasauce

Zubereitungszeit: 20 Minuten

Portionen:1 Person

Zutaten:

- 150 g grüne Bohnen, Enden entfernt und halbiert
- 1 EL Knoblauchöl
- 50 g Austernpilze, grob gehackt
- 1/2 kleine Karotte, in dünne Scheiben geschnitten
- 1 EL Tamari Sojasauce
- 1/2 TL getrockneter Oregano
- 1/2 TL getrockneter Thymian
- Salz und Pfeffer nach Geschmack
- Frische Petersilie, gehackt, zum Garnieren

Zubereitung:

1. Erhitze das Knoblauchöl in einer Pfanne über mittlerer Hitze. Gib die grünen Bohnen und Karottenscheiben in die Pfanne und brate sie für etwa 5 Minuten an, bis sie leicht gebräunt sind.

2. Füge die Austernpilze hinzu und brate alles zusammen für weitere 5 Minuten, bis die Pilze weich und die Bohnen vollständig gar sind.

3. Würze das Gemüse mit Tamari Sojasauce, Oregano, Thymian, Salz und Pfeffer. Rühre alles gut um, sodass die Gewürze gleichmäßig verteilt sind.

4. Lasse das Gemüse noch ein paar weitere Minuten auf dem Herd. Achte darauf, dass die Bohnen und Pilze nicht zu weich werden.

5. Sobald alles fertig gebraten ist, nimm die Pfanne vom Herd. Gib die gebratenen grünen Bohnen und Austernpilze auf einen Teller.

6. Garniere das Gericht mit frischer Petersilie und serviere es. Guten Appetit.

Karotten-Püree mit Ingwer

Zubereitungszeit: 25 Minuten
Portionen:1 Person

Zutaten:

- 150 g Karotten, geschält und in kleine Stücke geschnitten
- 1 TL frischer Ingwer, fein gerieben
- 1 EL natives Olivenöl extra
- 100 ml laktosefreie Milch oder ungesüßte Mandelmilch
- Salz nach Geschmack
- Eine Prise Muskat
- Frische Petersilie, fein gehackt, zum Garnieren

Zubereitung:

1. Fülle einen mittelgroßen Topf mit Wasser und bringe es zum Kochen. Gib die Karottenstücke in das kochende Wasser und koche sie für etwa 10-15 Minuten, bis sie weich sind.

2. Während die Karotten kochen, erhitze das Olivenöl in einer kleinen Pfanne auf mittlerer Stufe. Füge den geriebenen Ingwer hinzu und dünste ihn für 2-3 Minuten, bis er duftet. Achte darauf, dass der Ingwer nicht verbrennt.

3. Sobald die Karotten weich sind, gieße das Wasser ab und gib die Karotten zurück in den Topf. Füge die Ingwer-Olivenöl-Mischung hinzu.

4. Gieße die laktosefreie Milch oder Mandelmilch dazu und beginne, die Karotten mit einem Pürierstab zu pürieren. Wenn du kein glattes Püree erhältst, kannst du nach Bedarf noch etwas Milch hinzufügen.

5. Würze das Püree mit Salz und einer Prise Muskat. Rühre alles gut um, bis die Gewürze gleichmäßig verteilt sind.

6. Gib das Püree in eine Servierschale und garniere es mit der frisch gehackten Petersilie. Guten Appetit.

Gegrillte Auberginen mit Balsamico-Glasur

Zubereitungszeit: 30 Minuten
Portionen:1 Person

Zutaten:

- 1 mittelgroße Aubergine, in 1 cm dicke Scheiben geschnitten
- 2 EL natives Olivenöl extra
- Salz und Pfeffer nach Geschmack
- 2 EL Balsamico-Essig
- 1 TL Ahornsirup
- 1/2 TL getrockneter Oregano
- 1 EL frisch gehackte Petersilie

Zubereitung:

1. Heize deinen Grill oder eine Grillpfanne auf mittlerer bis hoher Stufe vor. Währenddessen kannst du die Auberginenscheiben beidseitig mit Olivenöl bestreichen und leicht mit Salz und Pfeffer würzen.

2. Lege die Auberginenscheiben auf den Grill oder in die Grillpfanne. Grill sie für etwa 4-5 Minuten auf jeder Seite, bis sie gebräunt und weich sind.

3. Während die Auberginen grillen, verquirle in einer kleinen Schüssel den Balsamico-Essig mit dem Ahornsirup und dem getrockneten Oregano.

4. Sobald die Auberginen gegrillt sind, lege sie auf einen Teller. Träufele die Balsamico-Glasur über die warmen Auberginenscheiben und bestreue sie mit frisch gehackter Petersilie. Guten Appetit.

Zucchini-Fritter mit Joghurtdip

Zubereitungszeit: 25 Minuten
Portionen:1 Person

Zutaten:

- **Für die Fritter:**
- 1 mittelgroße Zucchini, grob gerieben und Wasser ausgedrückt
- 2 EL Dinkelmehl
- 1 Bio-Ei Größe M, verquirlt
- 1/4 TL Salz
- 1/4 TL Pfeffer
- 1/4 TL Paprikapulver
- Natives Olivenöl extra zum Braten

- **Für den Joghurtdip:**
- 100 g laktosefreier Joghurt
- 1 TL frisch gehackte Petersilie
- 1 TL frisch gehackter Schnittlauch
- 1/4 TL Salz
- 1/4 TL Pfeffer
- 1 TL Bio-Zitronensaft, frisch gepresst

Zubereitung:

1. Beginne mit den Zucchini-Frittern. Mische in einer Schüssel die geriebene Zucchini, Dinkelmehl, das verquirlte Ei, Salz, Pfeffer und Paprikapulver, bis eine homogene Masse entsteht.

2. Erhitze ein wenig Olivenöl in einer Pfanne auf mittlerer Stufe. Gib mit einem Löffel kleine Portionen der Zucchinimasse in die Pfanne und drücke sie leicht flach. Brate die Fritter von beiden Seiten goldbraun und kross, etwa 3-4 Minuten pro Seite. Lege sie nach dem Braten auf Küchenpapier, um überschüssiges Öl aufzusaugen.

3. Für den Joghurtdip vermische in einer kleinen Schüssel den laktosefreien Joghurt mit der Petersilie, dem Schnittlauch, Salz, Pfeffer und frisch gepresstem Zitronensaft. Rühre alles gut durch, bis eine gleichmäßige Konsistenz erreicht ist.

4. Serviere die warmen Zucchini-Fritter mit dem frischen Joghurtdip. Guten Appetit.

Knusprige Polenta-Ecken mit Rosmarin

Zubereitungszeit: 30 Minuten
Portionen:1 Person

Zutaten:

- 250 ml Wasser
- 65 g Polenta
- 1 EL natives Olivenöl extra
- 1/2 TL Salz
- 1 TL frischer Rosmarin, fein gehackt
- 1/4 TL Paprikapulver
- Natives Olivenöl extra zum Braten

Zubereitung:

1. Bringe das Wasser in einem mittelgroßen Topf zum Kochen. Sobald es kocht, reduziere die Hitze auf mittlere Stufe und streue langsam die Polenta unter ständigem Rühren ein. Füge das Salz hinzu.

2. Koche die Polenta unter regelmäßigem Rühren etwa 10-15 Minuten, bis sie dick und cremig wird. Rühre den gehackten Rosmarin und das Paprikapulver ein.

3. Breite ein Stück Backpapier auf einer Arbeitsfläche aus. Gieße die Polenta darauf und forme mit einem Spatel eine etwa 1 cm dicke, rechteckige Platte. Lasse die Polenta komplett abkühlen und fest werden.

4. Wenn die Polenta fest ist, schneide sie in vier gleich große Ecken.

5. Erhitze etwas Olivenöl in einer Pfanne über mittlerer Hitze. Brate die Polenta-Ecken von beiden Seiten goldbraun und knusprig, etwa 3-4 Minuten pro Seite.

6. Lege die Ecken auf einen Teller und serviere sie heiß. Guten Appetit.

Grünkohl-Chips

Zubereitungszeit: 25 Minuten
Portionen:1 Person

Zutaten:

- 100 g Grünkohl, frisch und gründlich gewaschen, von den dicken Stielen befreit und in mundgerechte Stücke zerrissen
- 1 EL natives Olivenöl extra
- 1/4 TL Meersalz
- 1/4 TL Paprikapulver, edelsüß
- 1/4 TL Knoblauchöl

Zubereitung:

1. Heize deinen Ofen auf 150 Grad vor. Währenddessen bereitest du ein Backblech mit Backpapier vor, damit die Chips nicht kleben bleiben.

2. Gib den vorbereiteten Grünkohl in eine große Schüssel. Achte darauf, dass er wirklich trocken ist, damit die Chips später knusprig werden.

3. Verteile das Olivenöl gleichmäßig über den Grünkohl.

4. Wenn du magst, gib jetzt ein paar Tropfen Knoblauchöl dazu.

5. Streue das Meersalz und das Paprikapulver über den Grünkohl und vermische alles gut, sodass jedes Blatt leicht gewürzt ist.

6. Verteile den Grünkohl nun in einer einzigen Schicht auf dem Backblech. Achte darauf, dass die Blätter nicht übereinander liegen, damit sie alle gleichmäßig knusprig werden.

7. Backe die Grünkohl-Chips für etwa 15-20 Minuten im Ofen. Halte ein Auge darauf, denn je nach Ofen können sie schneller fertig sein. Sie sollten am Ende knusprig sein, aber nicht verbrennen.

8. Nimm die Chips aus dem Ofen und lass sie ein paar Minuten abkühlen, bevor du sie genießt. Guten Appetit.

Hirsebratlinge mit Kräuterquark

Zubereitungszeit: 30 Minuten
Portionen:4 Bratlinge

Zutaten:

- **Für die Bratlinge:**
- 100 g Hirse, gut gespült und abgetropft
- 250 ml Histaminikus Gemüsebrühe
- 1 EL natives Olivenöl extra
- 1/4 TL Salz
- 1/4 TL Paprikapulver
- 1/4 TL Kurkuma
- 1 EL gehackte Petersilie
- 1 kleine Karotte, fein gerieben
- 2 EL Kichererbsen aus der Dose, gut abgespült und fein zerdrückt
- **Für den Kräuterquark:**
- 100 g laktosefreier Joghurt
- 1 EL Schnittlauch, fein geschnitten
- 1/4 TL Salz
- 1 Prise Pfeffer
- 1 TL natives Olivenöl extra
- 1/2 TL Bio-Zitronensaft, frisch gepresst

Zubereitung:

1. Die Hirse in einem Topf mit der Gemüsebrühe nach Packungsanleitung kochen. Sobald die Hirse weich ist, vom Herd nehmen und abkühlen lassen.

2. In einer großen Schüssel die abgekühlte Hirse mit Olivenöl, Salz, Paprikapulver, Kurkuma, gehackter Petersilie, geriebener Karotte und zerdrückten Kichererbsen gut vermengen. Mit feuchten Händen vier Bratlinge formen.

3. Eine Pfanne mit etwas Olivenöl erhitzen und die Bratlinge von beiden Seiten goldbraun anbraten. Währenddessen für den Kräuterquark den Joghurt in einer kleinen Schüssel mit Schnittlauch, Salz, Pfeffer, Olivenöl und Zitronensaft verrühren.

4. Die fertigen Hirsebratlinge auf einem Teller anrichten und den Kräuterquark dazu servieren. Guten Appetit.

Ofenkartoffeln mit Dill

Zubereitungszeit: 35 Minuten
Portionen:1 Person

Zutaten:

- 200 g Kartoffeln, gewaschen und in Würfel geschnitten
- 1 EL natives Olivenöl extra
- 1/2 TL Salz
- 1/4 TL Pfeffer
- 1/2 TL getrockneter Dill
- 1 EL frischer Schnittlauch, fein gehackt
- 50 g laktosefreier Joghurt

Zubereitung:

1. Heize deinen Ofen auf 200 Grad vor. Während der Ofen aufheizt, gib die gewürfelten Kartoffeln in eine große Schüssel.

2. Füge das Olivenöl, Salz, Pfeffer und den getrockneten Dill zu den Kartoffeln hinzu. Vermische alles gründlich, sodass die Kartoffelwürfel gleichmäßig mit den Gewürzen und dem Öl bedeckt sind.

3. Breite die Kartoffelwürfel auf einem mit Backpapier ausgelegten Backblech aus. Achte darauf, dass sie nicht übereinanderliegen, damit sie knusprig werden.

4. Backe die Kartoffeln für etwa 25 Minuten im Ofen, bis sie goldbraun und knusprig sind. Nach der Hälfte der Backzeit, wende die Kartoffeln einmal, um eine gleichmäßige Bräune zu bekommen.

5. Während die Kartoffeln im Ofen sind, kannst du den Schnittlauch fein hacken.

6. Sobald die Kartoffeln fertig sind, nimm sie aus dem Ofen und gib sie in eine Servierschüssel. Bestreue sie mit dem frischen Schnittlauch.

7. Serviere die Ofenkartoffeln mit einem Klecks laktosefreiem Joghurt. Guten Appetit.

Spinat-Quinoa-Salat

Zubereitungszeit: 20 Minuten
Portionen:1 Person

Zutaten:

- 50 g Quinoa, gut gespült und abgetropft
- 150 ml Wasser
- 1 Handvoll Spinat, frisch
- 30 g Gurke, gewürfelt
- 1 EL natives Olivenöl extra
- 2 EL frisch gepresster Bio-Zitronensaft
- 1 TL Ahornsirup
- Salz und Pfeffer nach Geschmack
- 1 EL gehackte Petersilie
- 2 EL Kürbiskerne

Zubereitung:

1. Gib den Quinoa zusammen mit dem Wasser in einen kleinen Topf. Bringe das Wasser zum Kochen, reduziere dann die Hitze und lasse den Quinoa für etwa 15 Minuten köcheln, bis er weich ist und das Wasser vollständig aufgenommen wurde. Nimm den Topf vom Herd und lass den Quinoa etwas abkühlen.

2. Während der Quinoa kocht, bereite das Zitronendressing vor. Vermische in einer kleinen Schüssel den Olivenöl, Zitronensaft, Ahornsirup, Salz und Pfeffer. Rühre alles gut um, bis ein gleichmäßiges Dressing entsteht.

3. In einer großen Schüssel vermische den abgekühlten Quinoa, den Spinat und die gewürfelte Gurke. Gieße das Zitronendressing über den Salat und vermische alles sorgfältig, damit der Salat gleichmäßig mit dem Dressing überzogen ist.

4. Streue die gehackte Petersilie und Kürbiskerne über den Salat.

5. Schmecke den Salat nochmals mit Salz und Pfeffer ab und richte ihn auf einem Teller an. Guten Appetit.

Desserts

Erdbeer-Sorbet mit Minze

Zubereitungszeit: ca. 20 Minuten + Gefrierzeit
Portionen:1 Person

Zutaten:

- 150 g Erdbeeren, frisch und gewaschen
- 1 EL frische Minzblätter, fein gehackt
- 2 EL Rohrzucker
- 60 ml Wasser
- 1 TL Bio-Zitronensaft, frisch gepresst

Zubereitung:

1. In einem kleinen Topf das Wasser zusammen mit dem Rohrzucker bei mittlerer Hitze erhitzen. Rühre kontinuierlich, bis der Zucker sich vollständig aufgelöst hat. Sobald die Mischung klar wird, nimm den Topf vom Herd und lass den Sirup abkühlen.

2. Während der Sirup abkühlt, gib die Erdbeeren in einen Mixer. Füge den frisch gepressten Zitronensaft hinzu. Püriere die Erdbeeren, bis eine glatte Masse entsteht.

3. Füge den abgekühlten Sirup und die fein gehackten Minzblätter zum Erdbeerpüree hinzu. Mixe alles noch einmal kurz durch, um die Minze gleichmäßig zu verteilen.

4. Gieße die Mischung in eine flache, gefriergeeignete Schale. Stelle die Schale für mindestens 2 Stunden ins Gefrierfach. Rühre die Mischung alle 30 Minuten um, um große Eiskristalle zu vermeiden und eine cremige Konsistenz zu bekommen.

5. Nachdem das Sorbet die gewünschte Konsistenz erreicht hat, nimm es aus dem Gefrierfach. Verwende einen Eisportionierer oder einen Löffel, um das Sorbet zu formen. Guten Appetit.

Gebackene Kiwispalten

Zubereitungszeit: 20 Minuten
Portionen:1 Person

Zutaten:

- 2 Kiwis, geschält und in Spalten geschnitten
- 1/2 TL Zimt
- 1 TL Ahornsirup
- 1 EL gehackte Kürbiskerne
- Ein Spritzer frischer Bio-Zitronensaft
- Einige frische Minzblätter zur Garnierung

Zubereitung:

1. Heize deinen Ofen auf 180 Grad vor. Währenddessen bereitest du ein Backblech vor, indem du es mit Backpapier auslegst.

2. Nimm die geschälten Kiwispalten und lege sie auf das Backblech. Beträufle die Kiwispalten gleichmäßig mit Ahornsirup und bestreue sie dann mit dem Zimt.

3. Backe die Kiwispalten für etwa 10 Minuten im vorgeheizten Ofen, bis sie leicht weich sind, aber noch eine gewisse Festigkeit haben.

4. Nach dem Backen die Kiwispalten kurz abkühlen lassen. Dann lege sie auf einen Teller.

5. Gib einen Spritzer frischen Zitronensaft über die gebackenen Kiwispalten und garniere das Ganze mit den gehackten Kürbiskernen und einigen frischen Minzblättern. Guten Appetit.

Reismilch-Pudding

Zubereitungszeit: 20 Minuten
Portionen:1 Person

Zutaten:

- 200 ml Reismilch, ungesüßt
- 2 TL Ahornsirup
- 1 TL Maisstärke
- 1/4 TL Vanilleextrakt
- 5-6 Erdbeeren, gewürfelt
- Eine Prise Muskat

Zubereitung:

1. Gieße die Reismilch in einen kleinen Topf. Vermische den Ahornsirup und die Maisstärke in einer separaten kleinen Schüssel, bis sie glatt sind, und rühre sie dann in die Reismilch ein.

2. Erhitze die Mischung bei mittlerer Hitze und rühre stetig, bis sie beginnt, einzudicken und leicht köchelt. Das dauert etwa 5-7 Minuten.

3. Sobald die Mischung dickflüssig wird und die Konsistenz eines Puddings annimmt, nimm den Topf vom Herd und rühre den Vanilleextrakt sowie eine Prise Muskat unter.

4. Gieße den Pudding in eine Schale und lasse ihn etwa 10 Minuten abkühlen. Währenddessen die Erdbeeren in kleine Würfel schneiden.

5. Verteile die Erdbeerwürfel gleichmäßig auf dem leicht abgekühlten Pudding.

6. Stelle den Pudding vor dem Servieren für mindestens 1 Stunde in den Kühlschrank, damit er vollständig abkühlt und fest wird. Guten Appetit.

Himbeer-Chia-Pudding

Zubereitungszeit: 15 Minuten
Portionen:1 Person

Zutaten:

- 150 ml Mandelmilch, ungesüßt
- 30 g Chiasamen
- 100 g Himbeeren, frisch
- 1 TL Ahornsirup
- 1/4 TL Vanilleextrakt
- Einige frische Minzblätter
  zur Garnierung

Zubereitung:

1. Gib die Mandelmilch in eine Schüssel. Füge Chiasamen, Ahornsirup und Vanilleextrakt hinzu. Rühre die Mischung gut um, sodass die Chiasamen gleichmäßig in der Mandelmilch verteilt sind und beginnen können, die Flüssigkeit aufzusaugen.

2. Lasse die Chiasamen-Mischung für etwa 10 Minuten quellen. Rühre zwischendurch ein paar Mal um, damit die Chiasamen nicht am Boden kleben bleiben und eine gleichmäßige Konsistenz entsteht.

3. Während die Chiasamen quellen, nimm die Himbeeren zur Hand. Lege einige Beeren für die Garnierung zur Seite und zerdrücke den Rest leicht mit einer Gabel in einer separaten Schüssel.

4. Nachdem die Chiasamen gequollen sind, beginne mit dem Schichten deines Puddings. Gib zuerst eine Schicht der zerdrückten Himbeeren in ein Glas.

5. Füge darauf eine Schicht des Chia-Puddings hinzu. Wiederhole diesen Schritt, bis alle Zutaten aufgebraucht sind, und beende es mit einer Schicht Chia-Pudding.

6. Garniere den Pudding mit den zur Seite gelegten Himbeeren und einigen frischen Minzblättern.

7. Stelle den Pudding für etwa 15 Minuten in den Kühlschrank, damit er noch etwas fester wird. Guten Appetit.

Fruchteis mit dunkler Schokolade

Zubereitungszeit: 15 Minuten + Gefrierzeit
Portionen:1 Person

Zutaten:

- 100 g Erdbeeren, frisch und gewaschen
- 50 g Himbeeren, frisch
- 1 EL Ahornsirup
- 30 g dunkle Schokolade (mind. 70% Kakaoanteil), grob gehackt
- 1 TL natives Olivenöl extra
- Einige Minzblätter für die Garnierung

Zubereitung:

1. Gib die Erdbeeren und Himbeeren in einen leistungsstarken Mixer. Füge den Ahornsirup hinzu und mixe alles, bis eine glatte Masse entsteht. Falls die Mischung zu dick ist, kannst du ein paar EL Wasser hinzufügen, um die gewünschte Konsistenz zu erreichen.

2. Schmelze die dunkle Schokolade zusammen mit dem Olivenöl in einer kleinen Schüssel über einem Wasserbad. Rühre kontinuierlich, bis eine gleichmäßige Schokoladensauce entstanden ist.

3. Gieße die Fruchtmischung in eine kleine, gefriergeeignete Form. Träufle die geschmolzene Schokolade über die Fruchtmasse. Mit einem Zahnstocher oder einer Gabel kannst du ein Muster erzeugen, indem du die Schokolade leicht unterrührst.

4. Stelle die Form für mindestens 4 Stunden in das Gefrierfach, bis das Eis fest geworden ist.

5. Vor dem Servieren das Eis für 5-10 Minuten bei Raumtemperatur etwas antauen lassen, damit es sich leichter löffeln lässt. Mit frischen Minzblättern garnieren. Guten Appetit.

Beerenkuchen

Zubereitungszeit: 35 Minuten
Portionen:1 Person

Zutaten:

- 50 g Dinkelmehl
- 1 Bio-Ei Größe M
- 20 ml laktosefreie Milch
- 2 TL Ahornsirup
- 1/2 TL Backpulver
- Eine Prise Salz
- 50 g Heidelbeeren, frisch
- 50 g Himbeeren, frisch
- 1 TL natives Olivenöl extra zum Einfetten der Form

Zubereitung:

1. Heize deinen Ofen auf 180 Grad vor. Fette eine kleine Backform mit dem Olivenöl ein.

2. In einer Schüssel vermischst du das Dinkelmehl, Backpulver und eine Prise Salz.

3. Schlage das Ei in einer anderen Schüssel auf und füge die Milch sowie den Ahornsirup hinzu. Verquirle diese Zutaten gut, bis eine homogene Masse entsteht.

4. Vermische die nassen Zutaten mit den trockenen Zutaten. Rühre vorsichtig, bis alles gut vermischt ist. Der Teig sollte glatt sein, aber nicht zu lange rühren, um die Beeren nicht zu zerdrücken.

5. Hebe vorsichtig die Heidelbeeren und Himbeeren unter den Teig. Achte darauf, sie sanft einzuarbeiten, damit sie ihre Form behalten.

6. Gieße den Teig in die vorbereitete Form und verteile ihn gleichmäßig.

7. Backe den Kuchen für 20-25 Minuten, bis ein in die Mitte gesteckter Zahnstocher sauber herauskommt.

8. Lasse den Kuchen nach dem Backen in der Form etwas abkühlen, bevor du ihn vorsichtig herausnimmst. Guten Appetit.

Orangen-Quark-Creme

Zubereitungszeit: 15 Minuten
Portionen:1 Person

Zutaten:

- 100 g laktosefreier Quark
- 1 Bio-Orange, Saft und Abrieb
- 1 TL Ahornsirup
- 1 EL gehackte Kürbiskerne
- Ein paar frische Minzblätter zur Garnierung

Zubereitung:

1. Den laktosefreien Quark in eine Schüssel geben.

2. Die Orange gründlich waschen und die Schale fein abreiben. Halbiere die Orange und presse den Saft aus. Sowohl den Abrieb als auch den Saft zum Quark hinzufügen.

3. Füge den Ahornsirup zur Mischung hinzu und verrühre alles gründlich, bis eine gleichmäßige Creme entsteht.

4. Die Creme in eine Dessertschale füllen.

5. Die gehackten Kürbiskerne in einer trockenen Pfanne leicht anrösten, bis sie duften, und dann über die Creme streuen.

6. Die Creme zum Schluss mit frischen Minzblättern garnieren. Guten Appetit.

Schokoladen-Mousse mit Tofu

Zubereitungszeit: 15 Minuten
Portionen:1 Person

Zutaten:

- 150 g fester Tofu, gut abgetropft
- 30 g dunkle Schokolade
  (mind. 70% Kakaoanteil),
  zerkleinert
- 1 EL Ahornsirup
- 1/4 TL Vanilleextrakt
- Eine Prise Muskat
- Frische Erdbeeren zur Garnierung

Zubereitung:

1. Zuerst den Tofu gründlich abtropfen lassen. Du kannst ihn ein paar Minuten in ein Küchentuch einwickeln und leicht pressen, um überschüssiges Wasser zu entfernen. Anschließend den Tofu in grobe Stücke schneiden.

2. Die Schokolade in einem kleinen Topf bei niedriger Hitze schmelzen
   lassen. Dabei ständig rühren, um sicherzustellen, dass die Schokolade
   nicht anbrennt. Sobald sie vollständig geschmolzen ist, den Topf vom
   Herd nehmen und kurz abkühlen lassen.

3. Gib den Tofu, die geschmolzene Schokolade, Ahornsirup und Vanilleextrakt in einen Mixer. Mixe alles auf hoher Stufe, bis eine glatte und
   cremige Masse entsteht. Falls die Masse zu dick ist, kannst du ein paar
   Esslöffel Wasser hinzufügen, um die gewünschte Konsistenz zu erreichen.

4. Die Mousse mit einer Prise Muskat verfeinern und noch einmal kurz
   durchmixen.

5. Die Schokoladen-Mousse in eine Schale oder ein Dessertglas füllen
   und für mindestens 1 Stunde in den Kühlschrank stellen, damit sie fest
   wird.

6. Vor dem Servieren mit frischen Erdbeeren garnieren. Die Erdbeeren
   waschen, trocknen und je nach Größe halbieren oder vierteln. Guten
   Appetit.

Blaubeer-Crumble mit Haferflocken

Zubereitungszeit: 25 Minuten
Portionen:1 Person

Zutaten:

- 100 g frische Heidelbeeren
- 30 g Haferflocken
- 1 EL Ahornsirup
- 1/4 TL Zimt
- 1 EL gehackte Kürbiskerne
- 1 EL laktosefreie Margarine
- 1 Prise Muskat
- 1 EL Rohrzucker

Zubereitung:

1. Heize deinen Backofen auf 180 Grad vor. Nimm eine kleine Auflaufform und verteile die frischen Heidelbeeren gleichmäßig auf dem Boden.

2. In einer separaten Schüssel vermische die Haferflocken, den Ahornsirup, Zimt, gehackte Kürbiskerne, eine Prise Muskat und den Rohrzucker. Gib zu dieser Mischung die Margarine hinzu und knete sie mit den Fingern durch, bis alles gut vermengt ist und die Mischung krümelig wird.

3. Streue die Haferflocken-Mischung über die Heidelbeeren in der Auflaufform. Achte darauf, dass die Heidelbeeren gleichmäßig bedeckt sind.

4. Backe den Crumble für etwa 15 Minuten im vorgeheizten Ofen, oder bis die Haferflockenmischung golden und knusprig ist.

5. Lass den Blaubeer-Crumble für einige Minuten abkühlen, bevor du ihn servierst. Optional kannst du ihn mit einem Klecks laktosefreiem Joghurt genießen. Guten Appetit.

Erdnussbutter-Hafer-Riegel

Zubereitungszeit: 25 Minuten
Portionen:1 Person

Zutaten:

- 100 g Haferflocken
- 50 g Erdnüsse, ungesalzen und grob gehackt
- 30 g Kürbiskerne
- 2 EL Erdnussbutter, naturbelassen und ohne Zusätze
- 3 EL Ahornsirup
- 1 EL natives Olivenöl extra
- 1 TL Vanilleextrakt
- Eine Prise Salz
- 25 g dunkle Schokolade (mind. 70% Kakaoanteil)
- 2 EL Chiasamen

Zubereitung:

1. Heize den Ofen auf 180 Grad vor und belege ein Backblech mit Backpapier.

2. In einer großen Schüssel mische Haferflocken, Erdnüsse und Kürbiskerne.

3. In einem kleinen Topf erwärme Erdnussbutter, Ahornsirup und Olivenöl bei niedriger Hitze. Rühre stetig, bis eine homogene Masse entsteht. Nimm den Topf vom Herd und rühre Vanilleextrakt und Salz unter.

4. Gieße die flüssige Erdnussbutter-Mischung über die trockenen Zutaten. Füge die Chiasamen hinzu und vermische alles gründlich, bis die trockenen Zutaten gleichmäßig benetzt sind.

5. Verteile die Mischung gleichmäßig auf dem Backblech und drücke sie leicht an, um eine flache Schicht zu bilden.

6. Backe die Mischung für 15 Minuten, oder bis die Ränder leicht goldbraun sind. Lass sie nach dem Backen vollständig abkühlen.

7. Schmelze währenddessen die dunkle Schokolade im Wasserbad oder in der Mikrowelle und träufle sie über die abgekühlte Hafermischung.

8. Lass die Schokolade fest werden, bevor du die Masse in Riegel oder Quadrate schneidest. Guten Appetit.

Smoothies

Ananas-Mandelmilch-Smoothie

Zubereitungszeit: 5 Minuten
Portionen:1 Person

Zutaten:

- 100 g Ananas, frisch und gewürfelt
- 150 ml Mandelmilch, ungesüßt
- 1 TL Chiasamen
- 1 TL Ahornsirup
- Eine Prise Muskat
- Einige Eiswürfel

Zubereitung:

1. Gib die frisch gewürfelte Ananas in den Mixer.

2. Füge die Mandelmilch hinzu.

3. Streue die Chiasamen darüber.

4. Süße den Smoothie mit einem Teelöffel Ahornsirup.

5. Eine Prise Muskat hinzufügen, um dem Smoothie eine leicht würzige Note zu geben.

6. Füge einige Eiswürfel hinzu, um deinen Smoothie kühl und erfrischend zu machen.

7. Mixe alles auf hoher Stufe, bis der Smoothie glatt und cremig ist. Gieße den Smoothie in ein großes Glas und genieße ihn. Guten Appetit.

Rhabarber-Erdbeer-Smoothie

Zubereitungszeit: 10 Minuten

Portionen:1 Person

Zutaten:

- 100 g Rhabarber, frisch, in kleine Stücke geschnitten
- 80 g Erdbeeren, frisch, geviertelt
- 150 ml laktosefreie Milch oder ungesüßte Mandelmilch
- 1 EL Ahornsirup
- 1 TL frischer Ingwer, fein gerieben
- Ein paar Eiswürfel

Zubereitung:

1. Den Rhabarber in einem kleinen Topf mit etwas Wasser und dem Ahornsirup bei mittlerer Hitze für etwa 5 Minuten köcheln lassen, bis er weich wird. Lass den Rhabarber danach vollständig abkühlen.

2. Gib die abgekühlten Rhabarberstücke zusammen mit den Erdbeeren, der laktosefreien Milch oder Mandelmilch, dem frisch geriebenen Ingwer und den Eiswürfeln in einen Mixer.

3. Mixe alles auf hoher Stufe, bis der Smoothie cremig ist. Sollte der Smoothie zu dick sein, kannst du noch etwas laktosefreie Milch oder Mandelmilch hinzufügen, bis die gewünschte Konsistenz erreicht ist.

4. Gieße den Smoothie in ein großes Glas und genieße ihn. Guten Appetit.

Papaya-Orangen-Smoothie

Zubereitungszeit: 5 Minuten
Portionen:1 Person

Zutaten:

- 150 g Papaya, geschält und gewürfelt
- Saft von 2 Bio-Orangen
- 1 EL Chiasamen
- 100 ml laktosefreie Milch oder ungesüßte Mandelmilch
- 1 TL frischer Ingwer, gerieben
- Eine Prise Muskat

Zubereitung:

1. Beginne damit, die Papaya zu schälen und in Würfel zu schneiden. Stelle sicher, dass die Papaya reif ist.

2. Presse den Saft der Orangen aus.

3. Gib die Papayawürfel, den frisch gepressten Orangensaft, die Chiasamen, die laktosefreie Milch oder Mandelmilch und den geriebenen Ingwer in einen Mixer.

4. Füge eine Prise Muskat hinzu.

5. Mixe alle Zutaten auf hoher Stufe, bis der Smoothie glatt und cremig ist. Die Chiasamen sorgen nicht nur für eine zusätzliche Textur, sondern auch für eine Portion Omega-3-Fettsäuren.

6. Gieße den Smoothie in ein großes Glas und genieße ihn. Guten Appetit.

Karotten-Orangen-Smoothie

Zubereitungszeit: 5 Minuten
Portionen:1 Person

Zutaten:

- 1 mittelgroße Karotte, geschält und grob geschnitten
- Saft von 2 Bio-Orangen
- 1/2 TL frisch geriebener Ingwer
- 50 ml laktosefreie Milch oder ungesüßte Mandelmilch
- 1 TL Ahornsirup, optional
- Eine Handvoll Eiswürfel

Zubereitung:

1. Nimm die mittelgroße Karotte, schäle sie und schneide sie in grobe Stücke. Diese Karottenstücke gibst du in den Mixer.

2. Presse den Saft der Orangen aus. Der frisch gepresste Orangensaft kommt zusammen mit dem geriebenen Ingwer in den Mixer.

3. Füge die laktosefreie Milch oder die ungesüßte Mandelmilch hinzu. Wenn du deinen Smoothie ein wenig süßer magst, kannst du jetzt auch den Ahornsirup hinzufügen.

4. Gib nun eine Handvoll Eiswürfel dazu, um deinen Smoothie kühl und erfrischend zu machen.

5. Mixe alle Zutaten auf höchster Stufe, bis der Smoothie glatt und cremig ist.

6. Sobald dein Smoothie die perfekte Konsistenz erreicht hat, gieße ihn in ein großes Glas. Guten Appetit.

Brombeer-Lavendel-Smoothie

Zubereitungszeit: 5 Minuten
Portionen:1 Person

Zutaten:

- 100 g Brombeeren, frisch und gewaschen
- 200 ml Mandelmilch, ungesüßt
- 1 TL getrocknete Lavendelblüten, essbar
- 1/2 Bio-Zitrone, nur der Saft
- 1 EL Ahornsirup
- Einige Eiswürfel

Zubereitung:

1. Gib die frischen Brombeeren zusammen mit der ungesüßten Mandelmilch in einen leistungsfähigen Mixer.

2. Füge die getrockneten Lavendelblüten hinzu. Achte darauf, dass sie essbar und damit für die Zubereitung von Speisen geeignet sind.

3. Presse den Saft der halben Zitrone aus und gib diesen zusammen mit dem Ahornsirup in den Mixer.

4. Füge einige Eiswürfel hinzu, um deinen Smoothie kühl und erfrischend zu machen.

5. Mixe alle Zutaten auf höchster Stufe, bis der Smoothie glatt und cremig ist. Sollte der Smoothie zu dick sein, kannst du ein wenig mehr Mandelmilch hinzufügen, bis die gewünschte Konsistenz erreicht ist.

6. Gieße den Smoothie in ein großes Glas und genieße ihn. Guten Appetit.

Smoothie mit Cantaloupe Melone

Zubereitungszeit: 5 Minuten
Portionen:1 Person

Zutaten:

- 150 g Cantaloupe-Melone, gewürfelt
- 100 ml laktosefreie Milch
- 50 ml frisch gepresster Bio-Orangensaft
- 1/2 Bio-Limette, Saft ausgepresst
- 10 g Chiasamen
- 5 Blätter Minze, frisch
- 1 TL Ahornsirup
- Eiswürfel, optional

Zubereitung:

1. Die Cantaloupe-Melone in Würfel schneiden und zusammen mit der laktosefreien Milch und dem frisch gepressten Orangensaft in einen Mixer geben.

2. Den Saft einer halben Limette dazugeben. Achte darauf, dass keine Kerne in den Mixer gelangen.

3. Füge die Chiasamen und die frischen Minzblätter hinzu. Wenn du möchtest, kannst du auch ein paar Eiswürfel für eine erfrischende Kühle hinzufügen.

4. Alles für etwa 1 Minute auf höchster Stufe mixen, bis der Smoothie cremig ist.

5. Zum Schluss mit 1 TL Ahornsirup süßen und nochmals kurz durchmixen.

6. Den Smoothie in ein großes Glas gießen und genießen. Guten Appetit.

Grüntee-Smoothie mit Limette

Zubereitungszeit: 5 Minuten
Portionen:1 Person

Zutaten:

- 200 ml kaltes Wasser
- 1 Beutel Grüntee
- 1/2 Bio-Limette, Saft und Abrieb
- 50 g gefrorene Ananasstücke
- 50 g gefrorene Erdbeeren
- 1 TL frischer Ingwer, fein gerieben
- 1 TL Ahornsirup, optional
- Einige Eiswürfel

Zubereitung:

1. Bereite zuerst den Grüntee mit 200 ml kochendem Wasser vor. Lasse den Teebeutel etwa 3 Minuten ziehen, entferne ihn dann und lasse den Tee komplett abkühlen.

2. Gib den abgekühlten Grüntee zusammen mit dem Saft und Abrieb der halben Limette, den gefrorenen Ananasstücken, den gefrorenen Erdbeeren, dem frisch geriebenen Ingwer und den Eiswürfeln in einen Mixer.

3. Falls du deinen Smoothie etwas süßer möchtest, kannst du jetzt den Ahornsirup hinzufügen.

4. Mixe alles auf höchster Stufe, bis der Smoothie cremig ist.

5. Gieße den fertigen Smoothie in ein großes Glas und genieße ihn. Guten Appetit.

Spinat-Kiwi-Smoothie

Zubereitungszeit: 5 Minuten
Portionen:1 Person

Zutaten:

- 1 Kiwi, geschält und grob geschnitten
- 1 Handvoll Spinat, frisch
- 150 ml laktosefreie Milch
- 1 TL Chiasamen
- 1 TL Ahornsirup
- Eiswürfel nach Belieben

Zubereitung:

1. Beginne damit, die Kiwi zu schälen und grob zu schneiden. Lege sie beiseite.

2. Nimm eine Handvoll frischen Spinat und wasche ihn gründlich unter fließendem Wasser. Achte darauf, dass er wirklich sauber ist.

3. Gib die Kiwistücke, den frischen Spinat, die laktosefreie Milch und die Chiasamen in einen leistungsstarken Mixer.

4. Füge einen Teelöffel Ahornsirup hinzu. Wenn du magst, kannst du jetzt auch einige Eiswürfel hinzufügen, um deinen Smoothie kühler und erfrischender zu machen.

5. Mixe alle Zutaten auf hoher Stufe, bis der Smoothie eine gleichmäßig glatte Konsistenz hat.

6. Gieße den fertigen Smoothie in ein großes Glas und genieße ihn. Guten Appetit.

Erdbeer-Smoothie

Zubereitungszeit: 10 Minuten
Portionen:1 Person

Zutaten:

- 150 g Erdbeeren, frisch und gewaschen
- 200 ml laktosefreie Milch oder ungesüßte Mandelmilch
- 1 EL Chiasamen
- 1 TL Ahornsirup
- Eine Prise Muskat
- 5 Eiswürfel

Zubereitung:

1. Nimm die Erdbeeren, entferne die Blätter und halbiere sie dann.
2. Gib die halbierten Erdbeeren zusammen mit der laktosefreien Milch oder der ungesüßten Mandelmilch in einen Mixer.
3. Füge nun 1 EL Chiasamen hinzu.
4. Um deinem Smoothie eine süße Note zu verleihen, gib 1 TL Ahornsirup dazu.
5. Für eine exotische Note, füge eine Prise Muskat hinzu.
6. Zum Schluss kommen die Eiswürfel dazu, um deinen Smoothie kühl und erfrischend zu machen.
7. Mixe alle Zutaten auf höchster Stufe, bis der Smoothie cremig ist.
8. Gieße den fertigen Smoothie in ein großes Glas und genieße ihn. Guten Appetit.

Grüner Detox-Smoothie

Zubereitungszeit: 5 Minuten
Portionen:1 Person

Zutaten:

- 150 g Gurke, geschält und grob gehackt
- 100 g Spinat, frisch
- 10 g Ingwer, geschält und fein gehackt
- 150 ml laktosefreie Milch oder ungesüßte Reismilch
- 1/2 Bio-Zitrone, den Saft davon
- 1 TL Chiasamen
- 1 Handvoll Eiswürfel
- Stevia nach Geschmack, zum Süßen

Zubereitung:

1. Beginne damit, die Gurke zu schälen und grob zu hacken. Den Ingwer schälst du ebenso und hackst ihn fein.

2. Nimm nun den Spinat und wasche ihn gründlich.

3. Gib die gehackte Gurke, den Spinat und den gehackten Ingwer in deinen Mixer.

4. Presse den Saft einer halben Zitrone aus und gib diesen zusammen mit der laktosefreien Milch oder Reismilch in den Mixer.

5. Füge einen Teelöffel Chiasamen hinzu. Chiasamen sind reich an Omega-3-Fettsäuren und Ballaststoffen, die deinem Smoothie eine angenehme Textur geben.

6. Zum Schluss gib noch die Eiswürfel dazu, um deinen Smoothie kühl und erfrischend zu machen.

7. Mixe alle Zutaten auf höchster Stufe, bis der Smoothie eine gleichmäßige und cremige Konsistenz hat. Je nach Geschmack kannst du mit Stevia süßen.

8. Gieße den Smoothie in ein großes Glas und genieße ihn. Guten Appetit.

Grüner Energie-Smoothie

Zubereitungszeit: 10 Minuten
Portionen:1 Person

Zutaten:

- 40 g Grünkohl, frisch und grob gehackt
- 30 g Spinat, frisch
- 50 g Brokkoli, in Röschen geschnitten und kurz gedämpft
- 100 g Ananas, frisch und gewürfelt
- 1/2 TL Ingwer, frisch gerieben
- 150 ml laktosefreie Milch oder ungesüßte Reismilch
- 1 EL Chiasamen
- 1 TL Ahornsirup, optional

Zubereitung:

1. Beginne damit, den Grünkohl, Spinat und Brokkoli sorgfältig zu waschen. Der Brokkoli sollte kurz gedämpft werden, damit er leichter verdaulich ist. Lass ihn danach etwas abkühlen.

2. Gib den gewaschenen Grünkohl, Spinat, die gedämpften Brokkoliröschen und die gewürfelte Ananas in einen leistungsstarken Mixer.

3. Füge den frisch geriebenen Ingwer hinzu.

4. Gieße die laktosefreie Milch oder Reismilch dazu.

5. Füge die Chiasamen hinzu.

6. Wenn du möchtest, kannst du einen Teelöffel Ahornsirup für eine leichte Süße hinzufügen.

7. Mixe alle Zutaten auf höchster Stufe, bis der Smoothie glatt und cremig ist.

8. Sobald der Smoothie die gewünschte Konsistenz erreicht hat, gieße ihn in ein großes Glas und genieße ihn. Guten Appetit.

Schlusswort

Liebe Leserin, lieber Leser,

wenn du diesen Text liest, hast du dich durch eine Vielzahl von Rezeptideen und kulinarischen Inspirationen hindurchgeblättert. Dafür möchte ich dir von Herzen danken. Ich hoffe, dass dieses Kochbuch für dich nicht nur eine Ansammlung von Rezepten, sondern auch eine Inspirationsquelle für eine bewusste und abwechslungsreiche Ernährung geworden ist.

Essen ist ein wichtiger und zentraler Teil unseres Lebens. Es versorgt uns nicht nur mit den notwendigen Nährstoffen, sondern bietet auch Gelegenheit für Gemeinschaft, Kreativität und Genuss. Deshalb ist es mir wichtig gewesen, Rezepte zusammenzustellen, die nicht nur gut für den Körper, sondern auch für die Seele sind. Ich hoffe, dass die Gerichte, die du aus diesem Buch zubereitest, sowohl deinen Geschmack als auch dein Wohlbefinden bereichern.

In diesem Sinne: Guten Appetit und viel Spaß beim Nachkochen der Rezepte. Und vergiss nicht, es warten noch viele weitere Rezepte darauf, von dir entdeckt zu werden.

Impressum

Copyright © 2024 – Vanessa Zimmermann
Verlagslabel: KochKreationX

c/o COCENTER
Koppoldstr. 1
86551 Aichach

Dieses Buch wurde mit der Unterstützung von KI erstellt.

ISBN Taschenbuch: 978-3-384-16245-8
ISBN Hardcover: 978-3-384-16246-5
ISBN E-Book: 978-3-384-16247-2

Druck und Distribution im Auftrag des Autors/der Autorin:
tredition GmbH, Heinz-Beusen-Stieg 5, 22926 Ahrensburg, Deutschland